Educación para la democracia en el siglo XXI

Helen Osieja

Prefacio

La idea de escribir este libro surgió después de mis experiencias personales como profesora, ciudadana, investigadora y un trabajo de corta duración como analista política en el parlamento sueco. Me di cuenta de que lo que se enseñaba en la escuela bajo el término «democracia» no coincidía con lo que los políticos realmente decían y hacían.

Observé con gran interés lo que estaba ocurriendo durante la campaña política para las elecciones parlamentarias suecas de 2018. Me di cuenta de que muchos profesores no enseñaban a sus alumnos el pensamiento crítico, el respeto por el pluralismo y la tolerancia. Por el contrario, llegué a ver cómo algunos profesores incitaban y adoctrinaban a alumnos contra partidos que no les gustaban, y cómo en varias ocasiones la policía tuvo que intervenir para detener los enfrentamientos frente a las representaciones de los partidos políticos.

En el Riksdag (parlamento sueco) tenía una misión como analista política, que lamentablemente no duró mucho. El trabajo en sí era fascinante, pero cuando le señalé a una diputada que utilizaba muchos conceptos de manera incorrecta, fue suficiente para que ésta me despidiera. Me di cuenta de que esta diputada no tenía formación alguna ni en ciencias políticas ni en derecho internacional público, a pesar de que era responsable de asuntos relacionados con las relaciones internacionales y la migración. Estas experiencias de ver ejemplos de incompetencia y oportunismo me hicieron empezar a dudar primero del valor de la democracia como forma de gobierno. Pero pronto me di cuenta de que la solución no es desmantelar la democracia a causa de políticos incompetentes; por el contrario, si la democracia no funciona como debería, eso significa que la democracia debe fortalecerse.

Tal como los sucesos acontecidos en la ciudad de Washington, D.C. el 6 de enero de 2021 nos muestran, la democracia está en peligro hoy en muchos países del mundo precisamente por la ignorancia en cuanto a las piedras angulares y principios de la democracia. También está en peligro debido a los políticos que olvidan que son funcionarios públicos y que, por lo tanto, su deber es servir al pueblo y no ser servidos por el pueblo. Como escribió el historiador y político británico Lord Acton: «El poder corrompe, y el poder absoluto corrompe absolutamente».

Agradecimientos

En primer lugar, me gustaría dar las gracias a la Fundación Helge Axelsson Johnson de Suecia por la beca que permitió la publicación de este libro. También me gustaría dar las gracias a mi amado esposo, Jonny Kennet Persson, por su apoyo y aliento para escribirlo. Morten Källström y Olle Felten, gracias por convencerme de que vale la pena luchar por la democracia. Profesor Vinayagum Chinapah, gracias por sus aportaciones y sugerencias para hacer este libro de texto más didáctico. Anders Jarn, muchas gracias por tus correcciones lingüísticas y puntos de vista sobre la democracia sueca y el sistema político. Un agradecimiento especial al Riksdag sueco que, sorprendentemente, me ha dado un ejemplo de lo dañinos que son la arrogancia, la incompetencia, la ignorancia y el oportunismo para los funcionarios públicos.

Helen Osieja

Estocolmo, Suecia, enero de 2021.

Tabla de contenido

Introducción

El objetivo de este libro es preparar a los futuros ciudadanos para vivir en un país democrático. Informarles sobre sus derechos y deberes. Aclarar que, si bien la democracia implica libertad, no es lo mismo que anarquía, porque los derechos van de la mano con las responsabilidades. Desafortunadamente, la última década se ha caracterizado por una creciente polarización y violencia política; el diálogo ha sido sustituido por insultos, etiquetas y otros tipos de agresiones.

Si bien el conflicto en una sociedad es saludable porque denota la existencia de pluralismo, la violencia no lo es. La democracia, con todos sus defectos, sigue siendo mucho mejor que todas las demás formas de gobierno: Ninguna otra forma de gobierno se caracteriza por una transferencia pacífica del poder; ninguna otra forma de gobierno permite a sus ciudadanos las libertades personales que damos por sentadas en las democracias, y ninguna otra forma de gobierno responsabiliza a los gobernantes por sus acciones.

Parece que muchas personas han olvidado cuáles son los pilares de la democracia y asumen que tienen el derecho de atacar y acosar a los demás solo porque no comparten sus opiniones políticas. Lamentablemente, la intimidación y el acoso no se quedan fuera del lugar de trabajo, y la autora ha experimentado cómo el no estar de acuerdo con la mayoría provocó que sus compañeros la acosaran e incluso la excluyeran de una cena de Navidad. A otras personas les va mucho peor, incluso pueden ser golpeadas por no estar de acuerdo con lo que piensa la mayoría.

Las manifestaciones se convierten a menudo en disturbios que producen múltiples arrestos. Hay gente que resulta herida en manifestaciones que se vuelven violentas y, como demuestran algunos casos desafortunados, incluso puede haber muertos.

Este es un libro de texto para un curso básico de valores democráticos. Está dirigido principalmente a jóvenes que pronto alcanzarán la mayoría de edad y se convertirán en ciudadanos, así como a inmigrantes de países no democráticos que tal vez no sepan qué reglas se aplican en su nuevo país de residencia. El libro cubre el contenido de 24 a 30 horas lectivas. Al final de cada lección hay un glosario y preguntas que se pueden discutir en grupo y otras que se pueden responder como una tarea.

El primer capítulo presenta de qué se trata la política y analiza los factores de la lucha política. También explica las diferencias entre la democracia y otras formas de gobierno, como autoritario, totalitario y teocrático. Analiza el papel del ciudadano en la política y presenta los objetivos del curso.

El segundo capítulo explica los principios básicos de la democracia y lo que éstos significan para el ciudadano. Además, analiza los derechos y responsabilidades del ciudadano en una democracia.

El tema del tercer capítulo son los partidos políticos y las ideologías. El capítulo presenta las principales ideologías que existen en los sistemas democráticos en la actualidad y la importancia de las ideologías que distinguen a los partidos políticos. Además, presenta las principales diferencias entre partidos políticos democráticos y antidemocráticos.

El cuarto capítulo analiza las características de la sociedad democrática ideal, como el secularismo, la estricta división de la sociedad política y civil (que no existe en los sistemas totalitarios ni teocráticos), la separación de la vida privada y la vida pública, la importancia de la libertad de religión y el principio del estado de derecho en una democracia.

El tema del quinto capítulo es la cultura política democrática: define la cultura política, discute el papel de los agentes que forman la cultura política en una sociedad, la formación de la identidad nacional y los principales componentes de una cultura política democrática, que como se presenta en el capítulo 4 son el estado de derecho, la igualdad de todos los ciudadanos ante la ley y el secularismo.

El sexto capítulo presenta a los enemigos de la democracia, es decir, todas las actitudes, comportamientos y organizaciones que representan una amenaza para la democracia y que la socavan directa o indirectamente.

El séptimo capítulo es la conclusión del libro de texto y resume los derechos y obligaciones del ciudadano en una democracia.

Algunos conceptos se mencionan en más de un capítulo, porque son relevantes en más de una forma, como es el caso del estado de derecho. El estado de derecho no es sólo un principio básico de todos los sistemas que se autodenominan democráticos, sino también un concepto de cultura política; lo mismo ocurre con la igualdad de todos los ciudadanos ante la ley.

Este libro no es, ni pretende ser, un curso avanzado de ciencias políticas. Su objetivo, sin embargo, es ser una guía para los participantes del curso sobre qué esperar y cómo comportarse en una democracia.

1. ¿De qué se trata la política?

Puedes preguntarte para qué discutir sobre política si no estás interesado en el tema. Sin embargo, vives en un país con un sistema político y un orden social. Con leyes, normas y reglamentos con los que puedes estar de acuerdo o en desacuerdo, <u>pero que debes obedecer.</u>

La política tiene que ver con **la administración pública**, es decir, <u>la gestión de los recursos del país.</u> Los líderes políticos son los que deciden cómo se utilizarán los recursos limitados del país y quién se beneficiará de esos recursos. Como los recursos son limitados y las necesidades ilimitadas, habrá desacuerdo sobre cómo utilizar mejor los recursos económicos del estado. Pero la política también tiene que ver con el **poder** o la capacidad de influir en los demás. El poder puede ser económico, como es el caso de las empresas que pueden influir en los políticos para aprobar leyes favorables a sus intereses. El poder también puede ser militar, es decir, la capacidad de un país de utilizar la fuerza para defender sus intereses. Pero el poder también puede basarse en el conocimiento, y por eso la educación es tan importante para el ciudadano. Una ciudadana educada será capaz de defender sus derechos mucho mejor que una ciudadana analfabeta, que probablemente ni siquiera esté consciente de lo que hacen sus líderes.

En las democracias, la lucha por el poder se lleva a cabo en elecciones, en las que **los partidos políticos** compiten por los votos de los ciudadanos. Los partidos políticos son organizaciones registradas con un número mínimo de miembros que participan en las elecciones. Los partidos políticos suelen tener una **ideología,** que es un sistema de opiniones, valores y creencias. Los partidos políticos afirman representar los intereses de grupos particulares de personas. Por ejemplo, en Suecia hay un partido feminista que dice representar los derechos de las mujeres. Asimismo, hay partidos de trabajadores en muchos países que afirman representar los derechos de las clases trabajadoras. En cualquier caso, lo que hay que tener en cuenta es que <u>el principal objetivo de los partidos políticos es ganar votos en una elección para poder acceder al poder político.</u>

1.1.　Los factores de la lucha política

No importa cuán rico sea un país, los recursos económicos siempre serán limitados mientras que las necesidades de la población son ilimitadas. Dado que los gobiernos obtienen sus recursos económicos de los impuestos que pagan los ciudadanos, un factor principal de lucha es el socioeconómico, es decir, cómo se utilizarán los recursos y quiénes se beneficiarán de ellos. Si bien para algunas personas la lucha por el poder político se limita al ámbito socioeconómico, la mayoría admitirá que existen otros factores relevantes, como factores ideológicos, religiosos, nacionales, raciales y culturales.

Dado que la desigualdad social y económica existe en todos los países, hay diferentes clases sociales con diferentes intereses. Si bien un empresario y un trabajador contratado por él pueden ser compatriotas, se puede esperar que sus perspectivas e intereses sean diferentes y que lo más probable es que voten por diferentes partidos políticos.

Además, dado que la mayoría de los países tienen una población diversa, los factores culturales también influyen. En países con diversidad étnica, los partidos políticos pueden tener un perfil cultural que represente a un grupo de personas. Un ejemplo de esto son los partidos con perfil étnico o religioso, que afirman representar a personas que pertenecen a un determinado grupo étnico o religioso.

1.2.　La lucha por el poder en los diferentes sistemas políticos

Como se mencionó anteriormente, todos los países o entidades políticas tienen recursos limitados y necesidades ilimitadas. Todos los países o entidades políticas tienen que enfrentarse a decisiones sobre cómo se utilizan los recursos y quién se va a beneficiar de esos recursos. En todas las entidades políticas habrá individuos o grupos que aspiren a alcanzar el poder e influir en otros, pero las formas que adquiere la lucha por el poder variarán mucho entre entidades democráticas y no democráticas.

En los países democráticos, la lucha es pacífica y se lleva a cabo en forma de elecciones. La transferencia de poder de un partido o partidos políticos a otros partidos políticos se realiza de forma pacífica. En cambio, en los países no democráticos, la lucha es violenta y se lleva a cabo en forma de rebeliones, motines o revoluciones. A veces, estas rebeliones o revoluciones pueden durar años y costar miles de vidas. La lucha política depende de qué grupo pueda ejercer más violencia sobre sus oponentes, y una vez en el poder, los vencedores prohibirán toda competencia por el poder. Como no hay oposición legal, los perdedores se ven obligados a pasar a la clandestinidad y sus actividades usualmente son declaradas ilegales por el grupo en el poder. En las no democracias no hay oposición, sino disidencia. **Los disidentes**, o las personas que no están de acuerdo con el gobierno, a menudo son perseguidos, arrestados, encarcelados y, en algunos casos, torturados o asesinados.

En las democracias, los partidos políticos prometen cambios positivos y beneficios a sus electores. Los electores eligen el partido que creen que los representa mejor, y la contienda se decide por el número de votos que cada partido haya obtenido en una elección. Si el **gobierno** (el partido político en el poder en un momento dado en un **estado**) no cumple lo que prometió, corre el riesgo de perder a sus electores ante otro partido o partidos. Es el pueblo quien decide quién obtiene el poder político en una democracia, y los partidos respetan a sus oponentes en la lucha política.

En los países no democráticos, el poder equivale a la violencia física y la intimidación. La gente no puede elegir a sus representantes y, por lo general, la única forma de deshacerse de ellos es también utilizando la violencia.

1.3.   El ciudadano en la política

En las democracias, a los políticos se les llama **servidores públicos**, porque fueron elegidos por el pueblo para servirlo. Si los servidores públicos no cumplen lo prometido o si se comportan indebidamente mientras están en el cargo, el pueblo puede exigir su destitución.

Por el contrario, en los regímenes no democráticos los políticos utilizan al pueblo. Estos no representan a la gente del país y utilizan los recursos para satisfacer sus propias necesidades, ya que no hay nadie que les exija **responsabilidad por su gestión.**

Como se mencionó anteriormente, los conocimientos dan poder a las personas. Una población educada no permitirá abusos de poder por parte del gobierno; exigirá rendición de cuentas y expresará su voluntad en las elecciones mediante el voto. Además, una población educada no será engañada y manipulada tan fácilmente como una población analfabeta. Un pueblo educado defenderá sus derechos, se organizará y protestará -de manera pacífica- siempre que perciba que sus líderes no están haciendo lo que se espera de ellos.

Es un hecho muy lamentable que los pobres, los miembros más marginados de la sociedad, no suelen votar y, por lo tanto, tienen pocas o nulas posibilidades de mejorar su situación. Es fácil que los poderosos se aprovechen de una población que no sabe defender sus derechos.

Podrías pensar, pero ¿qué puedo hacer yo como ciudadano para influir en mis líderes políticos? En realidad, mucho, especialmente si te unes a un grupo de personas que comparten tus intereses e inquietudes. Puedes unirte a un grupo de presión. Puedes iniciar una petición por algo que consideres importante. Puedes unirte a un partido político y postularte para un cargo. Puedes presentar una demanda contra el gobierno si crees que has sido perjudicado por él y obtener una indemnización. Pero solo puedes hacer esto si estás involucrado.

1.4.   Objetivos de este curso

Vives en una democracia porque o naciste en una o tú y tu familia decidieron emigrar a un país con un sistema democrático. Probablemente te hayas convertido en ciudadano, ya sea al alcanzar la mayoría de edad (en la mayoría de los países al cumplir los 18 años de edad) o por **naturalización**, es decir, al obtener la ciudadanía de un país que no sea tu país de nacimiento. O pronto alcanzarás la mayoría de edad y podrás votar.

El único camino para que un pueblo o un país prospere es la paz. En las democracias, el conflicto es inevitable (como en cualquier otro sistema), pero la violencia no lo es. Respetar las diferencias y resolver los conflictos de manera pacífica es indispensable para evitar la violencia no sólo a nivel nacional, sino también para preservar la paz a nivel internacional. La violencia amenaza la democracia, la estabilidad y la paz.

Tus compañeros de clase, colegas, amigos y familiares pueden tener opiniones diferentes a las tuyas, pero eso no los hace despreciables. No en una democracia, porque el pluralismo es uno de sus pilares. Puede que te resulte imposible estar de acuerdo con ciertas personas, pero siempre puede uno aceptar estar en desacuerdo sin convertirse en enemigos.

La democracia es una forma de gobierno en la que los ciudadanos tienen derecho a vivir sus vidas de la forma que elijan. La democracia nos permite tener nuestras propias opiniones sin tener miedo al castigo. Sin embargo, la democracia es una forma de gobierno frágil porque hay muchas fuerzas que la ven solo como un instrumento para alcanzar el poder y no como un fin en sí mismo.

Este curso tiene varios objetivos:

1. Prepararte para ser un ciudadano responsable de un país democrático, y para asumir los derechos y responsabilidades que implica vivir en una democracia.

2. Aclarar cuáles son los límites de nuestros derechos en una democracia, a saber, los derechos de otras personas, el bien común y el orden social.

3. Prepararte para defender tus opiniones y tus derechos sin infringir la ley.

4. Aclarar por qué conflicto y violencia no son sinónimos, y que, si bien el conflicto es inevitable y saludable, la violencia sólo es destructiva.

Sin embargo, este libro no pretende convencerte de ninguna ideología política ni de votar por ningún partido, porque eso es algo que <u>solo tú puedes decidir</u>. Espero que este libro pueda ayudarte a decidir cuáles son tus preferencias políticas y motivarte a asumir tus derechos y responsabilidades como ciudadano de un país democrático.

Ceremonia de naturalización en Florida, EEUU, en 2012. Estas personas se han convertido oficialmente en ciudadanos estadunidenses.

https://democracyandeducation.org

Glosario

Administración pública- la gestión de los asuntos del estado, por ejemplo, la economía, el sistema de salud, el sistema educativo.

Poder- la capacidad de influir en los demás sin ser influenciado por ellos.

Partidos políticos- las entidades de una democracia que pueden participar en las elecciones. Un grupo generalmente debe tener un número mínimo de miembros para ser considerado un partido político.

Ideología- Un sistema de ideas, de opiniones y creencias que no se basa en evidencia científica y, por lo tanto, no puede ser probado como verdadero o falso.

Disidente- persona que critica al gobierno en sistemas no democráticos.

Gobierno- la administración pública de un estado en un período determinado.

Estado- Las instituciones que gobiernan un territorio y su gente.

Rendición de cuentas- la responsabilidad de un político por las decisiones que toma en nombre de su pueblo.

Naturalización- proceso mediante el cual un extranjero puede convertirse en ciudadano de un país que no sea su país de nacimiento.

Pluralismo- La existencia dentro de un país de partidos políticos e instituciones que representan ideologías diferentes.

Temas de discusión

1. ¿Estás involucrado políticamente de alguna manera? Si la respuesta es NO, ¿qué cuestiones podrían motivarte a volverte políticamente activo?

2. ¿Podrías ser un buen amigo de alguien que tiene opiniones políticas totalmente diferentes a las tuyas? ¿Por qué?

Preguntas

1. ¿Qué es la administración pública?

____

____

____

____

____

2. Da ejemplos de
   a) poder económico

____

____

____

____

   b) poder militar

____

____

____

____

c) poder del conocimiento

____
____
____
____

3. Nombra dos partidos políticos de tu país de residencia. ¿Cuáles son sus principales diferencias?

____
____
____
____

4. Nombra tres factores de la lucha política.

____
____
____
____

5. ¿Qué significa el concepto de pluralismo?

____
____
____

6. ¿Cómo se resuelven los conflictos en una democracia en comparación con otras formas de gobierno?

2. Vives en una democracia. ¿Qué significa esto?

Probablemente te guste un político o un candidato. Probablemente has decidido votar por él o por ella. O tal vez has decidido no votar, porque no te gusta ningún candidato. Es tu elección. Sin embargo, debes entender que muchas personas en el mundo -en realidad la mayoría de la gente en el mundo- no tiene las opciones que tú tienes. Muchas personas en los países en desarrollo no pueden votar. O no pueden expresar su descontento por sus líderes incompetentes, porque pueden enfrentar castigos que van de condenas a prisión hasta la muerte. Muchas personas simplemente no tienen derecho a decidir quién quieren que las represente. Simplemente saben quién es su líder y que se espera que obedezcan a ese individuo, no importa cuán corrupto o incompetente pueda ser. Los ciudadanos en regímenes **autoritarios o totalitarios** deben aceptar el hecho de que pueden ser encarcelados por cualquier razón, y que hay muy pocas instancias para obtener ayuda si el encarcelamiento es erróneo o injusto. No tienen derecho a cuestionar al gobierno o las acciones que éste toma. Quizás es un gobierno **ilegítimo** que no representa a los ciudadanos en absoluto, o un gobierno que en lugar de servir al pueblo se aprovecha de él.

Los gobiernos democráticos, se podría pensar, tienen muchas deficiencias. Y es cierto: Hay **corrupción, favoritismo,** incompetencia, ineficacia... Pero al menos el pueblo puede decidir a quiénes quiere tener como líderes, quiénes quiere que lo represente y vele por sus intereses. Y si los líderes no cumplen con sus deberes, votar por otros candidatos en las siguientes elecciones o exigir la destitución de los servidores públicos. La democracia no es en absoluto una forma perfecta de gobierno, pero definitivamente es mejor que otras formas de gobierno en la que se ignora la voluntad popular.

2.1.   ¿Qué es la democracia?

El Diccionario Larousse define la democracia como «gobierno en que el pueblo ejerce la soberanía». Proviene del griego dēmokratia, que significa «gobierno popular» de *demos* (pueblo) y *kratos* (autoridad).

La democracia es un sistema de gobierno que se originó en la antigua Grecia. La democracia era originalmente *directa,* es decir, los hombres de Atenas votaban directamente a favor o en contra de iniciativas en una asamblea pública. Hoy, debido al tamaño y complejidad de la mayoría de los estados modernos, la democracia directa se practica en muy pocos países, uno de ellos es Suiza.

Votación en la antigua Grecia utilizando piedras de diferentes colores.

La mayoría de las democracias son hoy en día *indirectas,* lo que significa que los ciudadanos eligen a los líderes que creen que mejor representarán sus intereses en el **parlamento** o el **congreso**. Dado que

https://democracyandeducation.org

los ciudadanos tienen diferentes preferencias, valores y prioridades, hay al menos dos partidos políticos importantes entre los que los ciudadanos pueden elegir, como es el caso de los Estados Unidos de América o el Reino Unido (Gran Bretaña). En otras democracias, como los países de Europa nórdica, hay múltiples partidos políticos que los ciudadanos pueden elegir, y muchos candidatos dentro de esos partidos. Pero lo más relevante en cualquier sistema democrático es el hecho de que son los **ciudadanos** quienes otorgan el poder a sus representantes políticos durante un período determinado. Si los ciudadanos no están satisfechos con el desempeño de los políticos que eligieron, pueden elegir a otro representante en las próximas elecciones, o incluso exigir que el político incompetente renuncie a su cargo.

Pero lo más importante, la democracia implica <u>la transferencia pacífica del poder</u> de un jefe de gobierno a su sucesor. A diferencia de los gobiernos autoritarios o totalitarios, no hay derramamiento de sangre, no hay violencia o pérdida de vidas cuando un líder se retira para dejar que el próximo líder electo asuma el poder. Después de todo, en una democracia es el pueblo quien decide quién los gobernará.

La democracia también está asociada con una forma de vida: En las democracias, los ciudadanos gozan de derechos y libertades civiles y políticos. Sin embargo, la democracia no implica que el ciudadano pueda hacer lo que le plazca porque un pilar de la democracia es <u>el estado de derecho</u>. Nadie puede encarcelar a un ciudadano por creer (o no creer) en los principios de una religión, o por expresar su opinión en forma oral o escrita. Por supuesto, hay limitaciones a la libertad de expresión y a la libertad de prensa. La calumnia y el acoso están prohibidos. Pero los ciudadanos pueden expresar sus opiniones sin temer consecuencias legales, siempre y cuando no haya calumnia, acoso o incitación a la violencia.

Ciudadanas de los Estados Unidos de América votando en las elecciones de 2016.

Además, existe una división estricta entre la sociedad civil y la sociedad política. Un ejemplo de esta división es la presencia de todas las organizaciones no gubernamentales (**ONG**) que existen en países democráticos pero que suelen estar ausentes en países con otras formas de gobierno. Ejemplos de ONG son las organizaciones de derechos humanos, las organizaciones de derechos de los animales, las instituciones religiosas y las organizaciones de beneficencia. Además, en una democracia hay múltiples instituciones religiosas entre las que los ciudadanos pueden elegir porque no existe una religión oficial. La religión y la política son áreas totalmente separadas en una democracia secular.

Y lo más importante, hay **separación de poderes** en una democracia. Los políticos no les dicen a los jueces cómo decidir sobre un fallo, ya que los tribunales (el **poder judicial**) son independientes del **poder ejecutivo** (el jefe de gobierno y los ministros) o del **poder legislativo** (el parlamento o el congreso, donde las iniciativas legales son votadas por los representantes).

https://democracyandeducation.org

2.2. La democracia comparada con otras formas de gobierno

Como se ha señalado anteriormente, la característica principal de la democracia es el **sufragio,** o las elecciones regulares. Todos los ciudadanos tienen derecho a un voto y tienen derecho a elegir a quien consideren más adecuado para representarlos. El voto en las democracias es secreto. Los perdedores de las elecciones renuncian y los ganadores asumen el poder político en un proceso pacífico que es la toma de posesión o la transferencia del poder.

Este no es el caso en **los gobiernos autoritarios.** En los gobiernos no democráticos, los políticos no son elegidos por el pueblo. En muchos casos, han llegado al poder utilizando la violencia y la intimidación, y la transferencia del poder es todo menos pacífica. Los gobiernos militares encarcelan a los ciudadanos que expresan opiniones críticas; el encarcelamiento y la tortura a menudo son consecuencias que enfrentan los ciudadanos críticos. En algunos casos, la crítica al régimen puede costar la vida a los ciudadanos.

En los gobiernos autoritarios no hay disputa por el poder político. Por lo tanto, hay un sólo partido político, como en el caso de la República Popular China. Los ciudadanos que desobedezcan las normas impuestas por el gobierno chino pueden ser encarcelados, torturados o matados. La gente no puede expresar opiniones negativas sobre el gobierno o leer literatura que critique al gobierno. En un gobierno autoritario sin **pluralismo** suele haber una sola **ideología**, un partido y obediencia a lo que digan las autoridades. Sin embargo, puede haber una economía de mercado. Es posible que se permita a la población poseer y administrar negocios, siempre y cuando esto no represente ninguna amenaza para el gobierno. Esta es una diferencia entre un gobierno autoritario y un gobierno **totalitario**.

Un manifestante brutalmente golpeado en Hong Kong por la policía china. China tiene un sistema altamente autoritario de gobierno que controla prácticamente todos los aspectos de la vida de sus ciudadanos, aun cuando haya una economía de mercado en el país.

Un **gobierno totalitario** es muy parecido a un gobierno autoritario: un sistema de partido único, sin elecciones ni pluralismo político. Además, en los gobiernos totalitarios, como Cuba o Corea del Norte, el gobierno dirige la economía. Los ciudadanos no pueden ser dueños de negocios, ni tener propiedad privada. El gobierno es el único proveedor de bienes y servicios, y los ciudadanos deben aceptarlos por muy deficientes que éstos sean.

En un sistema totalitario, la vida de los ciudadanos está aún más controlada por el gobierno que en un sistema autoritario de gobierno. Los líderes generalmente no abandonan el poder hasta que mueren, y cuando lo hacen normalmente el poder es transferido a un pariente o a un amigo cercano del líder fallecido. Esta práctica se llama **nepotismo.**

Otro tipo de gobierno que ejerce control total sobre la vida de sus súbditos es una **teocracia.** Ésta es probablemente la forma más opresiva de gobierno. En una teocracia, los ciudadanos no tienen libertad de conciencia. Existe una religión oficial y la pena por no seguir los principios de esa religión puede ir del castigo corporal hasta la muerte. No importa si los ciudadanos no creen en la religión oficial, pues se ven obligados a seguirla en todos los aspectos de su vida, ya que no hay división entre la vida pública y la privada.

Un ejemplo de teocracia es Arabia Saudita. En Arabia Saudita no hay constitución. El Corán, el libro sagrado del Islam, es considerado la ley del país y es interpretado por clérigos. El pueblo no tiene voz sobre las leyes que los gobierna, ni puede expresar su opinión sobre si las leyes son actuales o tal vez obsoletas, y sobre cómo llevar sus vidas. Las mujeres de Arabia Saudita no pueden salir de sus hogares sin el permiso de su tutor, que es un miembro varón de la familia. Las mujeres no pueden usar la ropa que les gusta, sino que deben cubrirse de pies a cabeza con un hiyab, como lo establecen los principios de su religión. Y tampoco pueden casarse con quien elijan. Casarse con un extranjero no es legal para las mujeres sauditas, y tener sexo fuera del matrimonio se castiga hasta con la pena de muerte.

2.3. Derechos y responsabilidades de un ciudadano en una democracia

En un sistema político democrático existe una constitución, o ley fundamental, que contiene una **declaración de derechos individuales.** Su objetivo es precisamente proteger al ciudadano de los abusos de poder. Esta declaración de derechos otorga a los ciudadanos ciertas garantías, como la libertad de expresión, la libertad de prensa, la libertad de religión, la libertad de asociación, etc. Estos derechos, denominados en algunos países «garantías individuales», normalmente no pueden ser suspendidos por el Estado, salvo en casos de emergencia. El ciudadano tiene derecho a presentar una demanda contra el Estado si las autoridades no respetan esos derechos y a apelar si no está satisfecho con el fallo. Dado que en una democracia los tribunales son independientes de los poderes legislativo y ejecutivo, el ciudadano y el Estado son tratados como dos partes iguales en una disputa.

Sin embargo, vivir en una democracia implica también responsabilidades para el ciudadano. Tal vez la más importante de éstas es respetar el **estado de derecho.** Los ciudadanos en una democracia tienen la obligación de respetar las leyes de su país, independientemente de si están de acuerdo con ellas o no. Por ejemplo, los adultos deben pagar impuestos por los servicios prestados por el Estado. Del mismo modo, si un ciudadano es perjudicado por otro ciudadano, no puede tomar la justicia en sus propias manos. En una democracia, el ciudadano tiene derecho a exigir justicia de manera pacífica y a presentar una demanda contra quien le haya causado daño. El ciudadano puede apelar una decisión con la que no está de acuerdo, pero no puede castigar personalmente al infractor. En cualquier caso, es el Estado el que imparte la justicia y no los propios ciudadanos. <u>Es ilegal tomar la justicia en las propias manos.</u>

Otra obligación es respetar los derechos de los demás, sin importar cuán diferentes sean los estilos de vida de estas personas. Si, por ejemplo, una familia conservadora está en contra de la homosexualidad, y tienen un hijo homosexual, tienen la obligación de respetar la orientación sexual del hijo y su derecho a vivir su vida según sus propios deseos. Del mismo modo, todos los ciudadanos están obligados a respetar las opiniones políticas de los demás ciudadanos, por mucho que las desaprueben.

En una democracia <u>todos los ciudadanos son iguales ante la ley</u>, lo que significa que los hombres, las mujeres, las minorías raciales, los homosexuales, etc. son tratados de la misma manera por las instituciones del país. <u>Es de gran importancia señalar que los no ciudadanos no disfrutan de los mismos derechos que tienen los ciudadanos.</u> Esto se aplica a los extranjeros (que gozan de alguna protección otorgada por las convenciones y tratados internacionales de derechos humanos), y a los menores de edad, quienes están sujetos a la autoridad de sus padres o tutores.

Glosario

Carta de derechos- una carta de garantías que disfrutan los ciudadanos en una democracia. Los derechos o garantías sólo pueden ser cancelados por el gobierno en circunstancias extraordinarias, como por ejemplo la guerra.

Ciudadano- nacional de un país que ha cumplido los 18 años y goza de todos los derechos. Los niños son considerados nacionales, pero no ciudadanos de un país, porque no pueden votar.

Congreso- Institución donde los representantes electos del pueblo se reúnen para debatir y crear nuevas leyes. El poder legislativo del gobierno en las democracias presidenciales.

Corrupción - Falta de transparencia y rendición de cuentas de los líderes políticos. También se define como el uso de fondos públicos con fines privados.

Estado de derecho- Un sistema político en el que existe una clara separación de poderes (legislativo, ejecutivo y judicial) y donde las normas se aplican a todos los sujetos, independientemente de su condición económica o social.

Favoritismo- La práctica de los políticos de asignar puestos políticos a sus amigos o seguidores sin tener en cuenta sus cualificaciones.

Gobierno autoritario- Un gobierno que no permite oposición o crítica. Los gobiernos autoritarios no suelen ser elegidos por el pueblo, sino que toman el poder por la fuerza.

Gobierno ilegítimo- un gobierno que no representa los intereses de la gente que gobierna.

Gobierno totalitario- Un gobierno que controla todos los aspectos de la vida en un país: el político, el social y el económico.

https://democracyandeducation.org

Ideología- Un conjunto de opiniones y creencias que conforman una visión del mundo no basada en hechos sino en valores subjetivos. «Paquetes listos de pensamiento».

Nepotismo- el acto de otorgar posiciones de poder a parientes o amigos. Sinónimo de favoritismo.

ONG- organización no gubernamental con un objetivo particular. Ejemplos de ONG son las organizaciones de derechos humanos, las organizaciones ambientales, etc. que no dependen del gobierno para ejercer sus funciones.

Parlamento- Institución del poder legislativo en las democracias parlamentarias. Equivalente al congreso de las democracias presidenciales.

Poder ejecutivo- la autoridad responsable de llevar a cabo las leyes aprobadas por la autoridad legislativa. En las democracias presidenciales el jefe del ejecutivo es el presidente; en las democracias parlamentarias el jefe del ejecutivo es el primer ministro.

Poder legislativo- la autoridad responsable de la creación de leyes - generalmente se denomina congreso o parlamento.

Poder judicial- el sistema de tribunales en un país donde se interpreta la ley.

Separación de poderes- significa que la creación de la ley, la aplicación de la ley y la interpretación de la ley son llevadas a cabo por instituciones independientes entre sí.

Sufragio- el derecho a votar en una elección.

Teocracia- una forma de gobierno donde la religión y la política no están separadas, y donde el clero juega un papel importante en la vida política del país.

Temas de discusión

1. ¿Crees que la democracia puede funcionar en todos los países del mundo? ¿Por qué?

2. En la década de 1990 muchos países de Europa oriental pasaron de una forma totalitaria de gobierno (comunismo) a la democracia. ¿Cuáles creen que son los mayores desafíos en una transición a la democracia?

Preguntas

1. ¿En qué se diferencia la democracia de otras formas de gobierno?

____

____

____

____

____

2. ¿Por qué crees que la separación de poderes es tan importante en una democracia?

____

____

____

____

____

3. Da algunos ejemplos de los derechos individuales mencionados en la Constitución de tu país.

____

____

____

https://democracyandeducation.org

____

____

4. Da un ejemplo de teocracia. ¿Cómo es la vida para los ciudadanos de una teocracia?

____

____

____

____

____

5. ¿Qué significa «igualdad ante la ley»?

____

____

____

____

____

3. Partidos políticos e ideologías

El pluralismo, un concepto mencionado en los dos capítulos anteriores, significa que en un sistema democrático existe una diversidad de creencias políticas, valores y grupos con diferentes objetivos. Algunos grupos tienen acceso directo al poder o la influencia política, mientras que otros tienen acceso indirecto al poder político al ejercer presión sobre los políticos. Estos últimos se denominan **grupos de interés** o grupos de presión. Algunos ejemplos de grupos de interés son las organizaciones de derechos humanos, las organizaciones de derechos de los animales, las organizaciones civiles, los sindicatos, etc. que representan las opiniones y los intereses de sus miembros. Aunque los grupos de interés no tienen acceso directo al poder político porque no participan en las elecciones, pueden ejercer presión sobre los políticos. Los políticos pueden prometer a los representantes de los grupos de presión defender los intereses de éstos a cambio de votos.

3.1. Partidos políticos

Como se indicó anteriormente en el primer capítulo, **los partidos políticos** son las entidades de una democracia que participan directamente en las elecciones al nombrar candidatos que se postulan para cargos electorales. Los partidos políticos están representados en el Parlamento o el Congreso, y sus delegados redactan y votan iniciativas de ley. En la gran mayoría de las democracias, para que un grupo se convierta en partido político, debe tener un número mínimo de miembros.

En una democracia, debe haber <u>al menos dos partidos políticos entre los</u> que los ciudadanos puedan elegir. Los sistemas de partido único no son democráticos porque los ciudadanos no tienen opciones. En otras palabras, para que exista un partido político en una democracia, debe haber al menos un partido político en la oposición. Este hecho a menudo se olvida o se ignora cuando los políticos y los ciudadanos utilizan el chantaje, la intimidación, la violencia u otros métodos antidemocráticos para silenciar a sus oponentes.

Partidos políticos haciendo campaña en Suecia antes de las elecciones de 2018. Suecia es una democracia parlamentaria multipartidista.

Los partidos políticos tienen muchas funciones: desde el reclutamiento de candidatos, el debate y la campaña hasta la administración pública, si son los vencedores de las elecciones. Los partidos políticos deben buscar candidatos que representen su **programa** o **ideología de partido** y sean carismáticos, para que ganen los votos de los electores. Presentar diferentes puntos de vista y debatirlos también es una función típica de un partido político. Los electores tienen muchos intereses que pueden ser opuestos, por ejemplo los intereses de los empleadores por un lado y aquéllos de los trabajadores, por otro. Por tanto, los partidos políticos deben dar prioridad a determinados intereses sobre otros. Además, la naturaleza dinámica de las sociedades modernas requiere una revisión constante de los principios, valores y temas establecidos en los programas de los partidos políticos.

https://democracyandeducation.org

Cuando una elección está próxima, los partidos políticos ayudan a sus candidatos a hacer campaña para un cargo. Hacer campaña es bastante caro y, por eso los partidos políticos deben obtener donaciones de miembros y simpatizantes.

Finalmente, si un partido político (o un grupo de partidos en una democracia multipartidista) gana una elección, ellos asumen el gobierno. Gestionar el gobierno significa transformar los principios del partido en iniciativas de ley y, de ahí, en nuevas leyes. En una democracia multipartidista, los partidos pueden formar una **coalición** y comprometerse con otros partidos políticos para que puedan dirigir el gobierno juntos.

Los ciudadanos pueden apoyar al partido político con el que simpatizan como voluntarios durante las campañas. Los ejemplos de voluntariado incluyen distribuir volantes, representar al partido en las cabinas políticas, enviar cartas a los ciudadanos, organizar eventos y contribuir económicamente. Los ciudadanos pueden convertirse en miembros de un partido político y votar en las elecciones internas del partido para designar a los candidatos. Los miembros del partido también pueden postularse como candidatos para cargos públicos.

Otra función importante de los partidos políticos en el siglo XXI es el establecimiento de relaciones con los partidos de otros países que comparten su ideología o valores. Esto es especialmente importante en la Unión Europea, donde los partidos están representados a nivel internacional en el Parlamento Europeo.

3.1.1.   ¿Qué es un programa político?

Un programa político es el conjunto de principios, metas e **ideología** que describen la naturaleza de un partido político. En otras palabras, el programa del partido son los principios que ese partido representa. Si bien no se espera que los miembros del partido y los votantes estén totalmente de acuerdo con todos los puntos del programa de un partido político, es importante leer el programa de un partido antes de votar.

El programa del partido describe la posición del partido político con respecto a diferentes temas como derechos humanos, política económica, política laboral, política ambiental, comercio internacional y política exterior. Si bien los programas de los partidos no están escritos en piedra y se modifican de acuerdo con la situación económica, política e internacional actual, éstos tienden a ser estables. Los programas proporcionan a los votantes la información que necesitan saber sobre el partido para que puedan elegir por qué partido votar.

3.1.2. Partidos políticos democráticos y antidemocráticos

Como se dijo en el primer capítulo, democracia significa gobierno del pueblo. Eso significa que el pueblo elige a sus representantes mediante elecciones en cada período gubernamental. Y significa que los candidatos electos son **funcionarios,** cuyo deber es representar los intereses de las personas que los votaron en el cargo y dimitir si pierden una elección a favor de otro partido, o en algunos casos, si el pueblo lo exige por corrupción o incompetencia.

<u>Los partidos políticos que ven la democracia como un fin y no solo como un instrumento para alcanzar el poder político son partidos democráticos.</u> En cambio, hay partidos políticos que tienen ideologías autoritarias o totalitarias, y cuyo objetivo es llegar al poder pero no renunciar a él una vez que dirijan el gobierno. Estos partidos no son democráticos. Un ejemplo de un partido antidemocrático que llegó al poder por medios democráticos pero una vez en el poder destruyó la democracia es el Partido Nacional Socialista (Nazi) de Alemania, que detentó el poder entre 1933 y 1945.

Los partidos que no reconocen la igualdad de todos los ciudadanos ante la ley tampoco son democráticos. Si bien, como se ha dicho anteriormente, existen diferencias entre ciudadanos y no ciudadanos de un estado, en una democracia todo ciudadano (nacido o naturalizado) tiene derecho al voto y tiene derecho al mismo trato que todos los demás ciudadanos, independientemente de sus características personales. Este derecho solo se le puede quitar a una persona en circunstancias especiales, como si la persona ha cometido un delito y está cumpliendo una sentencia en prisión, o si por demencia ha perdido sus facultades mentales.

Un activista del NPD (Partido Nacional Democrático) manifestándose en Alemania. El NPD ha sido clasificado por la Suprema Corte de Alemania como antidemocrático porque está en contra de la igualdad de todos los ciudadanos ante la ley, limita la ciudadanía a la raza y ve la democracia exclusivamente como un medio para llegar al poder. Sin embargo, el partido no está prohibido actualmente.

En las no democracias, generalmente solo hay una organización política que detenta el poder. A veces se le puede llamar "partido político", pero no hay competencia por el poder; los ciudadanos no tienen otra opción. Un ejemplo de sistema de partido único es la República Popular China. El único partido existente es el Partido Comunista de China. Toda oposición es ilegal y los disidentes son considerados criminales y tratados como tales.

Mientras que el partido nazi en Alemania llegó al poder mediante elecciones libres, el Partido Comunista obtuvo el poder en China por la fuerza, es decir, después de una revuelta armada. Como se verá más adelante, los partidos comunistas ven la democracia solo como un instrumento para alcanzar el poder con el objetivo de crear una "dictadura del proletariado". La ideología del comunismo no proporciona un mecanismo para la transferencia pacífica del poder.

3.2.   Ideologías políticas

3.2.1.   ¿Qué es una ideología?

Como su nombre lo indica, una **ideología** es un conjunto de ideas, de valores y una visión del mundo. Por consiguiente, una ideología no se basa en hechos, sino en opiniones. En el caso de las ideologías religiosas, también se basan en la superstición y el dogma, y han sido declaradas "sagradas", por lo que no pueden ser cuestionadas. Las ideologías pueden ser extremadamente peligrosas porque, como "paquetes de pensamiento listos", no se exhorta a los individuos a usar su propio juicio. Las personas que siguen ciegamente lo que dicen sus líderes no cuestionan si los valores, opiniones y principios expresados por ellos se basan en hechos. Una y otra vez la historia ha demostrado que las personas que siguen ciegamente una ideología pueden matar a otros simplemente por no estar de acuerdo con su visión del mundo.

La educación ideológica se llama **adoctrinamiento.** El adoctrinamiento se utiliza en regímenes autoritarios y totalitarios para instrumentalizar a los ciudadanos para que éstos no cuestionen la ideología de sus líderes, sean ellos políticos o religiosos. El adoctrinamiento es parte de los planes de estudio escolares en los gobiernos autoritarios y totalitarios, donde el estado controla todos los aspectos de la vida de sus sujetos. El adoctrinamiento les quita a los individuos la capacidad de pensar por sí mismos y llegar a sus propias conclusiones. El objetivo del adoctrinamiento es crear uniformidad de pensamiento, para que la ciudadanía pueda ser mejor controlada por el estado. Si bien el adoctrinamiento es típico de los regímenes autoritarios, totalitarios y teocráticos, también está presente en los regímenes democráticos, pero en menor grado.

La diferencia es que en los sistemas democráticos no hay una ideología, como es el caso de los gobiernos autoritarios o totalitarios, sino una pluralidad de ideologías. Esta pluralidad de ideologías refleja el pluralismo de partidos políticos. Idealmente, en una democracia el ciudadano puede elegir entre un conjunto de ideologías, la mejor o las que mejor se adapten a los valores personales del individuo.

Además, en un sistema democrático que refleja el pluralismo ideológico, ciertas ideologías no están prohibidas, como ocurre en los gobiernos autoritarios o totalitarios. Aunque algunas ideologías pueden sonar despreciables, los _gobiernos no suelen prohibirlas en los sistemas democráticos porque prohibir una ideología o ideologías va en contra de uno de los pilares del sistema democrático, que es el pluralismo._ Sin embargo, aunque las ideologías que respaldan la violencia pueden tolerarse, el uso de la violencia está castigado por la ley. En una democracia multipartidista hay muchas ideologías diferentes. Algunas de ellas se presentarán en este curso.

3.2.2. Conservadurismo

Como su nombre lo indica, el objetivo del conservadurismo es _conservar lo existente_. Si se necesita un cambio, se debe examinar y abordar con cautela, porque el cambio puede resultar en la creación de males mayores que los que se pretendía remediar. Los conservadores aprecian el individualismo y la libertad. Sin embargo, ven la necesidad de un poder para restringir los intereses de las personas en nombre del bien común. Además, el conservadurismo no es igualitario: los seguidores de esta ideología creen que, dado que algunos individuos contribuyen a la sociedad más que otros, el privilegio está justificado. Sin embargo, como en todas las demás ideologías democráticas, los conservadores creen en la igualdad de todos los ciudadanos ante la ley. El conservadurismo favorece a un gobierno "pequeño", esto significa que el individuo no debe depender del estado para su seguridad económica, y que el estado debe interferir lo menos posible en la economía. Para los conservadores, el papel del estado es principalmente garantizar la ley y el orden.

3.2.3. Liberalismo

La principal diferencia entre conservadurismo y liberalismo es su visión de la igualdad. Mientras que los conservadores creen que algunas personas contribuyen a la sociedad más que otras y, por lo tanto, tienen derecho a privilegios, los liberales son mucho más **igualitarios**. Para los liberales, el estado tiene la obligación de intervenir en la economía y la sociedad para crear más igualdad. En otras palabras, los gobiernos deberían participar más en la defensa de los derechos humanos. Esto incluye medidas para combatir la pobreza, la desigualdad, la falta de vivienda, la discriminación y otras injusticias. Para los liberales, el pueblo no puede llegar a ser verdaderamente libre hasta que no se superen los obstáculos como los mencionados anteriormente. Sin embargo, los liberales piensan que el estado solo debería intervenir para fomentar, pero nunca limitar, la libertad. En la práctica, esto puede resultar bastante difícil.

Los liberales aceptan mucho más los temas como el aborto y el matrimonio entre personas del mismo sexo que los conservadores, ya que los consideran temas de elección personal. Los liberales favorecen una mayor intervención gubernamental para ayudar a los necesitados y proteger las libertades individuales.

3.2.4. Socialdemocracia

La socialdemocracia se desarrolló como ideología en Europa dentro de los sindicatos, con el objetivo de defender los intereses de la clase trabajadora. Los partidos socialdemócratas crearon el estado de bienestar en muchos países europeos como Alemania, los Países Bajos y los países escandinavos. Para los socialdemócratas, el valor del individuo es independiente de su desempeño económico. El principal ideal de los partidos socialdemócratas es crear las condiciones materiales y legales para garantizar la libertad y la igualdad de todos los ciudadanos y promover su participación igualitaria en la educación, el trabajo, la seguridad social, la cultura y la democracia. Los socialdemócratas están en contra de la distribución desigual de la riqueza y, por consiguiente, favorecen impuestos más altos para quienes ganan más. Ven las diferencias de ingresos como un obstáculo para el desarrollo social. La socialdemocracia se concibe como una sociedad de individuos libres e iguales, que para funcionar necesita una estructura económica, social y estatal que garantice los derechos civiles, políticos, sociales y económicos de todos. Para los socialdemócratas, el principio de solidaridad es de gran importancia.

3.2.5. Comunismo (o marxismo)

El comunismo es una ideología creada por Karl Marx y Friedrich Engels en el siglo XIX. Para Marx y Engels, la propiedad de los medios de producción (es decir, fábricas, granjas, tiendas, etc.) es lo que determina las relaciones entre las personas. Marx y Engels dividen a la humanidad básicamente en dos grupos: capitalistas y **proletarios**. Los capitalistas son los dueños de los medios de producción y explotan a los proletarios, que son los trabajadores.

Para los comunistas, esta explotación del hombre por el hombre es la fuente de toda injusticia y sufrimiento en la sociedad, y la única forma de lograr la paz y la armonía es abolir la propiedad privada mediante una revolución. Después de que la revolución proletaria haya eliminado el capitalismo y la propiedad privada, se instauraría una dictadura del proletariado, que luego conduciría a una sociedad comunista, una sociedad de "perfecta igualdad".

En la práctica, sin embargo, esto nunca sucedió. Si bien algunos países tuvieron una revolución instigada por agitadores comunistas, lo único que sucedió es que los medios de producción simplemente cambiaron de dueños, de capitalistas a burócratas del gobierno. Además, desde que se establecieron las economías planificadas, la competencia se hizo inexistente y el progreso económico fue muy modesto en los países comunistas. El comunismo dejó de existir en Europa del Este en la década de 1990 cuando se derrumbó el Muro de Berlín y cayó "la cortina de hierro". Los países ex comunistas volvieron a la economía de mercado, o capitalista.

Una de las peores características del comunismo, como sistema de partido único, era la intolerancia. Los disidentes, o personas que no estaban de acuerdo con el gobierno, a menudo eran despedidos de sus trabajos, arrestados y encarcelados simplemente por tener opiniones que diferían de las ideología del gobierno. Millones de personas en muchos países del mundo perdieron la vida como resultado de la imposición del comunismo. El comunismo es, por tanto, una ideología antidemocrática.

3.2.6. Fascismo

El fascismo es una doctrina creada por el dictador italiano Benito Mussolini. El fascismo es una ideología antidemocrática porque no permite organizaciones fuera del estado. El fascismo enfatiza la importancia del estado por encima de todas las demás organizaciones: Solo a través del estado puede el individuo encontrar su verdadera esencia. Además, el fascismo no acepta la igualdad de todos los individuos ante la ley. El fascismo no ve en el sufragio y la democracia más que una ilusión. Como dijo el propio Mussolini: los regímenes democráticos hacen creer a los pueblos que pueden ejercer la soberanía a través del sufragio, pero en realidad, la soberanía la ejercen "fuerzas irresponsables y secretas". El fascismo ve al estado no solo como una entidad territorial, militar o económica, sino también como una concepción espiritual y ética.

Como ideología no democrática, no existe una fórmula en el fascismo para la transferencia pacífica del poder de un líder a su sucesor. Además, el fascismo enfatiza el derecho de los estados fuertes a conquistar a otros estados más débiles, y considera que los estados que ejercen su soberanía dentro de sus fronteras sin objetivos expansionistas son "decadentes".

Si bien el fascismo como fuerza política activa fue vencido después de la Segunda Guerra Mundial, todavía existen partidos fascistas en muchos países.

3.2.7. Feminismo

Aunque personas muy diferentes que pertenecen a clases sociales muy diferentes y tienen aspiraciones muy diferentes se llaman a sí mismas "feministas", una característica que todas estas personas tienen en común es que creen que las mujeres son al menos iguales a los hombres y que han sido discriminadas y oprimidas por ellos, y por una superestructura creada por los hombres que ellas denominan como el "patriarcado".

Muchas feministas creen en **el construccionismo social**, una visión política que afirma que todos los roles e identidades, incluido el género, son "construcciones sociales". Ellas piensan que mientras que el sexo biológico está determinado por la naturaleza, los roles de género se adquieren. Para las feministas más radicales, la opresión de las mujeres por los hombres precede a todas las demás formas de opresión. Por tanto, uno de sus objetivos es deshacerse de los roles sociales de género, como los roles familiares típicos, y de la masculinidad.

3.2.8. Nacionalismo

Los nacionalistas ven a la nación como un grupo de personas unidas por etnia, idioma, historia, tradiciones y valores. Los nacionalistas se oponen a la inmigración masiva y al multiculturalismo porque ven en ellos una amenaza de desestabilizar el estado-nación al forzar a convivir a personas que no comparten etnia, idioma, historia, tradiciones o valores.

Para los nacionalistas, los intereses del estado-nación tienen prioridad sobre los intereses globales. Ven el poder otorgado por los gobiernos a organizaciones supranacionales como la Unión Europea, las Naciones Unidas y el Banco Mundial como una amenaza a la soberanía del estado. Si bien los nacionalistas no se oponen al comercio y la cooperación internacionales, para ellos los intereses de la nación tienen prioridad sobre los intereses globales.

Además, los nacionalistas ven a la mayoría de los otros partidos políticos como globalistas, es decir, que favorecen los intereses económicos y financieros globales sobre los intereses de su propio pueblo y su propia nación. Los nacionalistas, por el contrario, favorecen el control estatal de industrias y recursos estratégicos, con el objetivo de evitar que el estado sea manipulado por fuertes corporaciones multinacionales y organizaciones supranacionales.

El presidente Andrzej Duda, del partido nacionalista polaco Ley y Justicia, durante la campaña política del verano de 2020.

Glosario

Grupos de interés- Organizaciones que tienen como objetivo influir pacíficamente en las decisiones que toman los políticos, para que estos favorezcan los intereses del grupo.

Programa político- los ideales, objetivos, principios y objetivos de un partido político resumidos en un programa. El programa suele estar dividido en diferentes temas, como política laboral, política económica, política exterior, etc.

Coalición- en un sistema multipartidista, cuando dos o más partidos deciden gobernar juntos.

Funcionario público- Toda persona que trabaje para la administración pública. Puede o no estar afiliado a un partido político.

Adoctrinamiento- Inculcación de dogmas o principios con el objetivo de disuadir a la persona de usar su propio juicio.

Igualitario- que favorece la igualdad entre los individuos.

Proletario- En la ideología marxista, trabajador que es explotado por el capitalista y que se rebela en una revolución.

Construccionismo social- una teoría que establece que nuestra comprensión del mundo se basa en ideas compartidas. Para los construccionistas sociales, el género no está determinado por los cromosomas, sino por un concepto construido socialmente.

Temas de discusion

1. ¿Debería un gobierno democrático prohibir los partidos y organizaciones no democráticos? ¿Por qué?

2. ¿Crees que es importante que los ciudadanos lean los programas de todos los partidos políticos antes de votar?

Preguntas

1. Da dos ejemplos de grupos de interés. ¿Qué intereses defienden?

____

____

____

____

____

2. Nombra al menos tres funciones de los partidos políticos.

____

____

____

____

____

3. ¿Cuál es la principal diferencia entre partidos políticos "democráticos" y "antidemocráticos"?

____

____

____

____

____

https://democracyandeducation.org

4. ¿En qué situaciones las ideologías pueden volverse peligrosas? Da un ejemplo.

5. ¿Son democráticos los partidos comunistas? ¿Por qué?

6. ¿Existe una ideología "democrática"? ¿Por qué?

4. La Sociedad Democrática

La democracia no solo implica un sistema político, sino también una forma de vida. La democracia se basa en el pluralismo. **La tolerancia,** que puede definirse como la coexistencia pacífica de las diferencias, es un requisito para el pluralismo. La tolerancia no significa que debamos estar de acuerdo con las creencias, los estilos de vida o el comportamiento de los demás. <u>Sin embargo, lo que significa es que debemos respetarlos</u> siempre que los demás nos respeten y respeten la ley. Además, el principio de **igualdad ante la ley** significa que las leyes se aplican a todos por igual: en una democracia no existen leyes especiales para grupos especiales, como es el caso de los estados teocráticos u otros estados no democráticos.

4.1. La división entre la sociedad civil y la política

En estados totalitarios, como por ejemplo Cuba o Corea del Norte, el estado controla todos los aspectos de la vida de los ciudadanos. Prácticamente todos los clubes, asociaciones, ligas y organizaciones son administrados directamente por el estado o controlados estrictamente por éste. En Cuba, por ejemplo, todos los niños están obligados a pertenecer a un círculo de "jóvenes pioneros" que en realidad no son más que institutos de adoctrinamiento donde se les instruye sobre qué pensar, cómo pensar y denunciar a cualquiera, incluidos sus padres, si expresan opiniones críticas acerca del gobierno.

La presencia de las ONG es inexistente o limitada en los sistemas totalitarios porque las ONG no pueden ser controladas por el estado y suelen ser críticas con las acciones de los gobiernos contra sus ciudadanos. La libertad de religión está igualmente restringida en las sociedades totalitarias: En los países comunistas, algunas, si no todas, las religiones están prohibidas.

En las teocracias, hay una religión "oficial", lo que significa que es ilegal tener creencias que difieran de esa religión. Las personas se ven obligadas a practicar la religión del Estado, independientemente de si creen en sus principios o no, y pueden ser severamente castigadas por no seguir los ritos y tradiciones prescritos por esa religión. En Arabia Saudita, por ejemplo, la "policía religiosa" tiene la autoridad de arrestar a mujeres por no estar "vestidas decentemente", o por estar en compañía de hombres que no son sus familiares, ya que esta conducta va en contra de la religión oficial. En Irán, expresar que Dios no existe se castiga con la muerte.

En cambio, la división entre sociedad civil y política es uno de los principales pilares de la democracia: En las democracias occidentales, los ciudadanos pueden unirse a cualquier grupo u organización siempre que ésta respete el estado de derecho. Los ciudadanos pueden dejar una organización religiosa por cualquier motivo y no necesitan dar explicaciones a nadie. Asimismo, los ciudadanos pueden convertirse a la religión de su elección o no practicar religión alguna.

En las democracias existe una pluralidad de organizaciones cívicas que representan los intereses de los ciudadanos. Estas organizaciones suelen estar financiadas por donantes privados, empresas u otras instituciones. Ejemplos de éstas son organizaciones defensoras de los derechos de los niños, organizaciones defensoras de los derechos de las mujeres, organizaciones protectoras de animales, organizaciones caritativas, organizaciones literarias y organizaciones de periodistas.

Un grupo de "pioneritos" en la Habana, Cuba. En Cuba el adoctrinamiento comunista de los niños comienza desde muy temprana edad, inculcándoles la uniformidad de pensamiento y la intolerancia política. Los pioneritos pueden denunciar a sus padres con las autoridades si éstos emiten opiniones críticas acerca del gobierno.

4.2. La estricta división entre la vida privada y la vida pública

Mientras que la vida de los ciudadanos está estrictamente controlada en sociedades autoritarias, totalitarias y teocráticas, en las sociedades democráticas el ciudadano elige el estilo de vida que más le gusta o le conviene. Los ciudadanos en las sociedades democráticas pueden elegir su profesión, cómo vestirse, con quién salir o casarse, qué música escuchar, etc. En otras palabras, son los ciudadanos quienes eligen cómo vivir sus vidas.

En las sociedades teocráticas es la familia quien decide con quién se casará una persona (generalmente una mujer). En Arabia Saudita, por ejemplo, los matrimonios se arreglan, como en muchas de las llamadas «culturas de honor». Además, se aplican reglas diferentes para hombres y mujeres: Mientras que los hombres tienen derecho a tener cuatro esposas y pueden divorciarse a voluntad, las mujeres deben obedecer los deseos de su familia y después del matrimonio los deseos de su esposo. Una mujer que no obedece puede ser severamente castigada. Tener relaciones sexuales antes del matrimonio para las mujeres es un delito que puede castigarse con la muerte.

Otro ejemplo es el matrimonio entre personas del mismo sexo. Si bien el matrimonio entre personas del mismo sexo no está legalmente reconocido en muchos países que tienen un sistema político democrático, la homosexualidad no está criminalizada porque tener una relación romántica o vivir con alguien <u>pertenece al ámbito privado de la vida del individuo.</u> Si bien los padres de un hombre gay pueden desaprobar su unión con otro hombre, por ley no lo pueden castigar por su orientación sexual. Este no es el caso en muchas sociedades autoritarias tradicionales, donde los familiares de una persona asumen que "tienen derecho" a matarlo porque le gustan las personas de su mismo sexo. Los "asesinatos de honor" son ilegales en las democracias y conllevan largas penas de cárcel. Si bien una familia religiosa tradicional puede decidir no tener contacto con un hijo homosexual o una hija lesbiana, <u>no tienen ningún derecho a interferir en la vida de sus hijos.</u>

Si bien es cierto que el matrimonio entre personas del mismo sexo está mal visto en muchos países democráticos, solo en las democracias es posible que las personas no heterosexuales defiendan sus derechos uniéndose a organizaciones cívicas u otras organizaciones de derechos humanos. Asimismo, en muchos países democráticos es ilegal discriminar a una persona por su orientación sexual. Un empleador que discrimina a un empleado no heterosexual puede enfrentar una demanda que puede costarle mucho dinero.

Dos mujeres se casan en Guadalajara, Jalisco, México en 2019. El matrimonio entre personas del mismo sexo ahora es legal en la mayoría de los estados de México.

4.3.   La sociedad laica

¿Qué es una sociedad secular? Es una sociedad en la que las esferas política y religiosa están separadas y son totalmente independientes entre sí. En una sociedad democrática y **laica** no existe una "religión oficial". Es decir, hay una pluralidad de organizaciones religiosas, al igual que una pluralidad de partidos en el ámbito político, y la religión es una opción. Los líderes religiosos están sujetos a la autoridad del estado y no se involucran en política. Además, predicar contenido político en sermones religiosos que atenta contra el orden democrático es un delito en muchas democracias.

En una sociedad secular, seguir los principios religiosos es opcional, pero obedecer la ley es obligatorio. En otras palabras, si los principios de una religión entran en conflicto con la ley de un país, se debe seguir la ley del país.

Como se ha mencionado, la democracia se basa en el principio de igualdad de todos los ciudadanos ante la ley. Este no es el caso en ciertas religiones, donde las mujeres están subordinadas a los hombres y donde los miembros de diferentes religiones no gozan de igualdad. Por lo tanto, si la religión de un ciudadano entra en conflicto con las leyes del estado, el ciudadano debe seguir la ley o enfrentarse a cargos penales.

Un padre de familia, por ejemplo, no puede obligar a su hija a casarse con alguien que no le agrada, ni prohibirle tener contacto con hombres. El padre y la hija tienen los mismos derechos en una democracia. Si bien los padres deben hacerse responsables de sus hijos y asegurarse de que éstos asistan a la escuela, no pueden tomar decisiones que violen los derechos de los niños. En las democracias, los niños también tienen derechos. Y los padres que no respetan los derechos de sus hijos violan la ley y pueden perder la custodia sobre ellos.

En las democracias occidentales civilizadas, los animales también tienen derecho a protección. Por lo tanto, si una persona sigue un principio religioso que exige crueldad animal innecesaria (como la matanza ritual, prohibida en muchos países), y la crueldad animal es punible por ley, la persona puede enfrentar cargos penales y ser condenada.

¿Qué significa "libertad de religión" en una democracia?

La libertad de religión significa que una persona no puede ser discriminada ni perseguida por sus creencias religiosas. Sin embargo, estas creencias son estrictamente individuales. Esto implica que los padres no pueden obligar a sus hijos a seguir los principios de una religión si los hijos no quieren. Tampoco significa que un líder religioso tiene derecho a matar a alguien en nombre de la religión porque ese individuo ha decidido apostatar. La libertad de religión tampoco implica que algunos ciudadanos estén exentos de cumplir con sus obligaciones en nombre de la religión, o que sus hijos estén exentos de ir a la escuela o participar en las actividades de la escuela porque éstas están en conflicto con los principios de su religión.

La libertad de religión garantiza que las personas de diferentes religiones tengan los mismos derechos, <u>pero de ninguna manera otorga derechos especiales a un grupo de ciudadanos.</u> Como se dijo anteriormente, en una democracia la ley está por encima de todas las religiones.

La libertad de religión no otorga a las personas religiosas el derecho a castigar a otras personas que, en su opinión, han ofendido sus creencias religiosas. Si bien todas las personas son libres de defender sus opiniones, no pueden tomar la justicia en sus propias manos. <u>La libertad de religión incluye el derecho a abandonar una religión o criticarla sin sufrir consecuencias.</u>

4.4. El Estado de Derecho

Si bien los ciudadanos tienen ciertos derechos individuales en una democracia, como la libertad de expresión, la libertad de prensa, la libertad de manifestarse pacíficamente, la libertad religiosa, etc., un orden democrático no significa que un individuo pueda hacer lo que quiera e ignorar la ley.

En una democracia, <u>solo la policía tiene derecho a utilizar la violencia</u> cuando la situación lo requiera. Aun cuando en algunos países democráticos los ciudadanos que han cumplido ciertos requisitos pueden poseer armas de fuego (para la autodefensa, por ejemplo), solo las autoridades pueden impartir justicia. Si un ciudadano siente que ha sido agraviado por otro ciudadano o por el estado, existe un proceso legal que debe seguirse para reparar un agravio cometido en su contra.

Obedecer a la policía no es una opción; es obligatorio, porque la policía es la representante de la ley en un estado. Mientras que un ciudadano puede presentar una demanda contra un oficial de policía si el oficial abusa de su autoridad, por ejemplo, el ciudadano no puede decidir si quiere seguir las órdenes del oficial.

<u>En caso de emergencia, el estado tiene la autoridad para limitar o suprimir los derechos civiles.</u> Un ejemplo de esto es cuando un estado

impone un toque de queda después de disturbios violentos en una ciudad. Aunque los ciudadanos suelen tener libertad de movimiento, esta libertad puede restringirse en circunstancias especiales y las personas que no respeten estas restricciones pueden ser procesadas. Otro ejemplo es por razones de salud pública, donde las reuniones pueden limitarse a un cierto número de personas o prohibirse durante un período determinado para evitar contagio.

Glosario

Tolerancia- la convivencia pacífica de las diferencias.

Igualdad ante la ley- Todos los ciudadanos deben obedecer la ley, independientemente de su género, edad, riqueza o cualquier otro atributo individual.

Estado secular- un estado en el que los ámbitos de la política y la religión están completamente separados.

Libertad de religión- el derecho de los ciudadanos a profesar la religión de su elección, a convertirse a cualquier religión o dejar una religión sin enfrentar consecuencias.

Estado de derecho- la naturaleza obligatoria de las leyes y reglamentos, que deben ser seguidos por todos los ciudadanos, estén de acuerdo o no con ellos.

Temas de discusión

1. ¿Crees que los líderes religiosos tienen derecho a expresar públicamente sus opiniones políticas en una democracia? ¿Por qué?

2. ¿Crees que en una democracia los ciudadanos deberían tener derecho a portar armas? ¿Por qué?

Preguntas

1. Da un ejemplo de tolerancia.

____

____

____

____

____

2. ¿En qué casos debe el estado separar a los niños de sus padres?

____

____

____

____

____

3. ¿Crees que un empleador en una democracia tiene derecho a exigir un cierto código de vestimenta a sus empleados? ¿Por qué?

____

____

____

____

____

4. ¿Te sientes libre de dejar tu religión (si tienes una) y convertirte a otra religión sin enfrentar represalias? ¿Por qué?

____

____

____

____

5. ¿Crees que los ciudadanos de todos los países pueden exigir una indemnización si creen que la policía (que representa la ley y el orden) les ha hecho daño? ¿Por qué?

____

____

____

____

5. Cultura política democrática

5.1. Definición de cultura política

Quizás la definición más apropiada de cultura política es «todas las actitudes y valores que un pueblo o una nación tiene sobre el gobierno y la política». La cultura política es el producto de la historia, las tradiciones, las instituciones, los valores y la cultura de una nación. Por esta razón, la cultura política es diferente de un país a otro, incluso si los países considerados son todos democráticos. Sin embargo, hay ciertas características comunes a la cultura política de todos los países democráticos, como el **pluralismo, la tolerancia** y el **respeto a las leyes y reglamentos.**

La cultura política afecta la forma en que los individuos se comportan: cómo responden a las leyes y cómo formulan sus demandas a sus líderes: Mientras que en algunos países con un alto grado de institucionalización política los líderes son considerados legítimos y por ende la gente tiende a respetar las leyes y reglamentos, en países donde los políticos son considerados corruptos y donde la democracia es joven (por ejemplo, después de una transición de un sistema autoritario), la gente tiende a ignorar las leyes.

5.2. Agentes de la cultura política

La escuela

La adquisición de cultura política comienza durante la infancia, en nuestros hogares y en la escuela. Los libros de texto que utilizan los niños en la escuela son determinantes en la configuración de la cultura política. El estado utiliza libros de texto para educar a los alumnos de la forma en que quieren que sean sus futuros ciudadanos. Muy a menudo, los libros de texto son una fuente de **adoctrinamiento** más que una fuente de información.

Los consejos educativos de los países y estados son los que determinan el contenido de los libros de texto: los símbolos, los valores, las actitudes que se elogian y las que se desalientan o critican determinan qué comportamiento espera el estado de sus futuros ciudadanos.

Idealmente, los libros de texto en una democracia reflejan el pluralismo del sistema político. Sin embargo, diferentes administraciones o gobiernos en un mismo estado pueden tener valores diferentes.

Los profesores desempeñan un papel fundamental en la formación de la cultura política. Si bien los maestros de la escuela primaria y secundaria deben seguir los estrictos planes de estudios impuestos por el estado, la situación es diferente a nivel terciario. En las democracias, la educación superior debe tolerar **la libertad de cátedra,** que significa que los profesores que tienen diferentes puntos de vista pueden presentarlos a sus alumnos sin ser censurados ni temer consecuencias. Un ejemplo de libertad de cátedra son los libros que los profesores de nivel terciario deciden utilizar para sus cursos: los libros pueden tratar el mismo tema, pero con perspectivas totalmente diferentes. Sin embargo, algunas opiniones están prohibidas incluso en las democracias y los profesores que las presenten pueden ser despedidos y sufrir consecuencias legales.

Los medios de comunicación

Otro agente crucial de la cultura política son los **medios de comunicación**. Las estaciones de radio, los canales de televisión, los periódicos y las revistas juegan un papel fundamental en la politización del pueblo. En las democracias, los medios de comunicación reflejan el pluralismo del sistema político. Esto significa que diferentes periódicos presentarán los mismos eventos desde diferentes perspectivas. Un componente básico de la cultura política democrática es la **transparencia.** La transparencia significa que los periodistas son libres de publicar cualquier historia sobre cualquier persona u organización siempre que respeten un código de ética. En las democracias, los periodistas no suelen "desaparecer", ni ser envenenados, asesinados o encarcelados por sus reportajes.

Sin embargo, el hecho de que una democracia se base en el pluralismo no significa que los medios de comunicación estén libres de **censura.** Es el gobierno quien decide qué contenido se publica y qué contenido se censura, y estas decisiones no dependen necesariamente de si el contenido es verdadero o no. Además, en muchos países el gobierno decide qué periódicos y revistas obtienen financiación. Por lo general, las publicaciones que son favorables al gobierno obtienen más financiación que las que lo critican.

Un problema de la **libertad de prensa** es que, para poder ejercer esa libertad, primero hay que ser propietario de una revista o un periódico. Los ciudadanos comunes y corrientes no suelen poseer medios de comunicación de masas, por lo que sus puntos de vista son excluidos o ignorados en favor de los puntos de vista del gobierno o de las organizaciones e individuos que apoyan al gobierno.

Redes sociales

Hoy en día, el papel de las redes sociales en la política se ha vuelto muy importante, incluso llegan a competir con los medios de comunicación masiva. El hecho de que cualquier ciudadano pueda publicar en redes sociales como Facebook, Twitter o Instagram significa que los medios de comunicación masiva han perdido el monopolio de la información y que el Estado ya no puede actuar como censor. Si bien el advenimiento de las redes sociales significa que la arena política se ha abierto a nuevos actores que antes no tenían los medios para expresar opiniones y puntos de vista, también conlleva grandes peligros, como la difusión de desinformación, noticias falsas, calumnias y rumores. Se han iniciado muchos movimientos sociales, protestas y manifestaciones utilizando las redes sociales. Los políticos utilizan las redes sociales para comunicarse con los ciudadanos y durante las campañas políticas las redes sociales son una herramienta importante que utilizan los candidatos y los partidos políticos para ganar electores y simpatizantes. Sin embargo, el uso responsable de las redes sociales significa que el ciudadano primero debe verificar los hechos antes de llegar a conclusiones, y no creer todo lo que se publica solo porque se ha publicado.

Libros

Idealmente, en las democracias todos los libros que representan todas las perspectivas diferentes están disponibles para los ciudadanos. Si bien este podría ser el caso incluso en las democracias jóvenes del mundo en desarrollo, los libros tienen poca o ninguna utilidad si la población tiene un nivel educativo bajo o es analfabeta.

Una vez más, los autores que quieran ejercer su libertad de prensa deben primero tener sus libros aprobados por una editorial; de lo contrario, puede resultar caro para un autor autoeditar un libro. Las editoriales no suelen ser propiedad de ciudadanos comunes, sino de organizaciones empresariales que tienen sus propios intereses.

Las personas cultas y educadas son mucho más difíciles de manipular que las personas sin educación o analfabetas, porque las personas educadas conocen sus derechos y pueden exigir una indemnización a su gobierno si éste no los respeta. Por lo tanto, algunos gobernantes no están interesados en invertir en educación y tampoco fomentar el pensamiento crítico, ya que esto significaría ceder el poder a los gobernados.

5.3.   La formación de la identidad nacional

La identidad nacional es el grupo con el que nos identificamos, sus valores, sus normas y costumbres, y nuestro orgullo por nuestra nacionalidad. Si bien nuestra **nacionalidad** refleja nuestra cultura, tradiciones y costumbres, no siempre coincide con nuestra **ciudadanía. Ciudadanía** significa que una persona debe lealtad a cierto estado y goza de todos los derechos otorgados por ese estado. La ciudadanía puede ser por nacimiento o por **naturalización**, obtenida mediante un proceso legal.

Un individuo puede haber nacido en un país determinado, pero tal vez sus padres provengan de otro país. Él puede decidir qué ciudadanía tomar cuando alcance la mayoría de edad (generalmente a los 18 años). Asimismo, muchas personas que se trasladan a otro país por cualquier motivo y permanecen un mínimo de años pueden convertirse en ciudadanos por **naturalización** si cumplen con ciertos requisitos.

La identidad nacional no es tan importante en algunos países como en otros: Mientras que algunos gobiernos persiguen una fuerte identidad nacional (los nacionalistas, por ejemplo), para otros la identidad nacional juega un papel mucho menos importante.

Formando la identidad nacional en los alumnos: Niños mexicanos saludando a su bandera. (Imagen cortesía del municipio de San Martín de Hidalgo, Jalisco, México)

5.4. Las características de la cultura política democrática

Si bien las democracias pueden variar enormemente según la historia, los valores y las tradiciones de cada país, la cultura política democrática tiene ciertos elementos básicos que la distinguen de la cultura política de los estados autoritarios, totalitarios o teocráticos.

El Estado de Derecho

Puede resultar bastante difícil para las personas que provienen de regímenes no democráticos comprender el principio de la división de poderes. Las personas que provienen de regímenes autoritarios y nepotistas donde el ejecutivo controla el sistema de justicia a menudo no pueden entender que en una democracia el jefe de estado o jefe de gobierno no tiene poder sobre los tribunales, y que incluso los representantes de la ley, como los policías, son responsables por sus actos.

Laicismo

Las personas que han crecido en teocracias y que están acostumbradas a obedecer los dictados de los líderes religiosos se desconciertan cuando llegan a un país democrático, con una estricta separación entre los ámbitos político y religioso. Como se ha dicho antes, en una democracia la religión es una elección, no una obligación. Además, si hay un choque entre los valores religiosos y las leyes del estado, las segundas tienen supremacía sobre los primeros.

Un ejemplo de un choque de valores religiosos y leyes estatales es la libertad de expresión: Mientras que algunas religiones consideran que cuestionar sus principios es un "pecado" que merece castigo, en una democracia la gente puede ejercer su libertad de expresión criticando duramente una religión. Los líderes religiosos que se sienten ofendidos no pueden castigar a los "pecadores" de ninguna manera en una democracia, excepto prohibiéndoles la entrada a sus templos.

Igualdad de todos los ciudadanos ante la ley

En algunos países, algunas personas tienen más derechos que otras: En países como Afganistán y Arabia Saudita, las mujeres están sujetas a la autoridad de parientes varones. Las mujeres no pueden tomar decisiones por sí mismas y no pueden vivir sus vidas de acuerdo con sus propios deseos.

En Afganistán, existen leyes para hombres y leyes para mujeres. Las mujeres deben llevar una "burka" cuando abandonan sus hogares y deben estar acompañadas de un pariente masculino o enfrentar duras penas.

En Arabia Saudita, el sistema de tutela garantiza que las mujeres estén sujetas a la autoridad de los hombres para absolutamente todo, desde el derecho a la educación hasta el derecho a casarse o divorciarse. Las mujeres en Arabia Saudita están bajo la autoridad de parientes varones de la misma manera que los niños pequeños están bajo la custodia de los padres en los países occidentales. En Arabia Saudita existen leyes específicas para hombres y mujeres. Anteriormente, en la India, el sistema de castas otorgaba diferentes derechos y privilegios a personas de diferentes castas o clases sociales.

<u>En una democracia, las mismas leyes se aplican a todos, independientemente de su sexo, condición social, edad, riqueza, religión o cualquier otra característica individual.</u> Aun cuando los padres tienen la custodia de sus hijos menores de edad en las democracias, los servicios

de protección infantil pueden decidir quitar al niño de la familia si los padres no respetan los derechos del niño. En una democracia no hay otra ley que la ley del Estado dentro de la jurisdicción de ese Estado, es decir, dentro de sus límites. Los ciudadanos que no respetan los derechos de otros ciudadanos en nombre de la cultura o la tradición pueden ser enjuiciados.

Tolerancia

Como se ha comentado anteriormente, la <u>tolerancia implica la coexistencia pacífica de las diferencias.</u> En una democracia, aunque no nos guste el estilo de vida de algunas personas porque es totalmente diferente al nuestro, estamos obligados a respetarlas: Si, por ejemplo, un joven decide abandonar su religión y seguir sus propias convicciones, los padres no tienen nada que decir; o si una joven descubre que es lesbiana y decide tener una pareja del mismo sexo, esto se considera una elección personal. Atacar a las personas por sus decisiones personales es ilegal y punible en una democracia. Además, la libertad de expresión significa no solo que tenemos derecho a expresar nuestras propias opiniones, sino que <u>otras personas cuyas opiniones no nos gustan o con las que estamos en total desacuerdo también tienen el derecho a expresarlas.</u>

Pluralismo

Como se ha dicho antes, no puede haber democracia sin pluralismo. En primer lugar, el pluralismo implica que existe una distinción entre el Estado y sus instituciones y el gobierno, que es el partido o partidos que ejercen el poder político durante un período determinado. El pluralismo no existe en los sistemas autoritarios, donde la distinción entre Estado y gobierno es borrosa o inexistente. Sin embargo, el pluralismo no solo se refiere a la existencia de más de un partido político, sino también a la existencia de múltiples asociaciones religiosas, grupos de interés, grupos culturales y grupos independientes que no están controlados por el Estado.

Estricta separación de los ámbitos de la vida pública y privada

En una democracia, a veces tenemos que tratar con personas que llevan una vida con la que no estamos de acuerdo: Las personas religiosas tradicionales a veces tienen a personas homosexuales como colegas; Las personas liberales a veces tienen que aceptar los servicios que brindan los nacionalistas, y los estudiantes deben tolerar a otros estudiantes que pueden tener opiniones políticas totalmente opuestas.

Esto solo es posible en una democracia, donde los ámbitos público y privado de la vida están estrictamente separados. Como se ha mencionado antes, en una democracia la religión es una elección, al igual que tener una vida sexual o no tenerla. La forma en que una persona lleva su vida privada no juega un papel en la vida pública del individuo. Además, no respetar la vida privada de las personas va contra la ley en las democracias, como por ejemplo, negarle un trabajo a alguien por sus creencias religiosas o su orientación sexual.

Los ciudadanos tienen derecho a vestirse como quieran (¡aunque no a andar desnudos!) Las excepciones a este derecho son los códigos de vestimenta que algunos empleadores tienen para su personal <u>durante el horario laboral.</u> Este definitivamente no es el caso en teocracias como Irán o Arabia Saudita, donde las mujeres pueden ser severamente castigadas por no usar un pañuelo en la cabeza o por mostrar sus brazos o piernas. No respetar el derecho de los demás a llevar la vida que quieren es punible por ley en una democracia.

5.5. Cultura política democrática y comportamiento democrático

Un individuo que ha crecido en una cultura política democrática ve la igualdad ante la ley, la tolerancia, el pluralismo, el estado de derecho y la separación de los ámbitos público y privado como elementos normales de la sociedad. Sin embargo, es difícil para los inmigrantes de sistemas autoritarios, totalitarios y teocráticos comprender y aceptar todos los elementos de una cultura política democrática. Además, incluso las personas que crecieron en democracias a veces olvidan que <u>el ciudadano no sólo tiene derechos, sino también deberes</u>, y que las mismas leyes se aplican a todos.

El siglo XXI ha sido testigo de una polarización política en muchos países democráticos. Los miembros de ciertos partidos políticos parecen olvidar que sus oponentes políticos tienen la misma libertad de expresión y libertad para manifestarse pacíficamente que ellos.

Manifestación pacífica por los derechos de los animales en Londres, Reino Unido en 2016.

Las contramanifestaciones, que son una falta de respeto al derecho de otros a manifestarse, se han normalizado, y muchas veces terminan en enfrentamientos violentos.

Los ataques violentos contra personas no heterosexuales sin otra razón que su orientación sexual se han vuelto más comunes con la inmigración masiva de personas de culturas donde la homosexualidad es considerada criminal. Asimismo, los líderes religiosos que han emigrado a las democracias desde países no democráticos parecen ignorar la naturaleza secular del estado que han elegido voluntariamente como su hogar.

El comportamiento democrático significa practicar los principios de la cultura política democrática en nuestra vida diaria, incluso si eso implica tolerar a las personas, ideas u organizaciones con las que estamos en total desacuerdo.

Glosario

Cultura política- las actitudes, valores y puntos de vista que un individuo o un grupo de individuos tienen sobre la política.

Adoctrinamiento- imponer una determinada ideología a la gente y no dejar que la gente piense por sí misma, forme sus propios valores y llegue a sus propias conclusiones. El adoctrinamiento es típico de los regímenes autoritarios, totalitarios y teocráticos, donde se desaprueban las diferentes opiniones.

Libertad de cátedra- Libertad de los profesores a nivel terciario para poder impartir sus clases o investigar sin estar están sujetos al control del estado o a otros controles.

Medios de comunicación- televisión, radio, periódicos y otras fuentes masivas de información.

Transparencia- El derecho de los ciudadanos a una información veraz.

Censura- control gubernamental de los medios de comunicación; de decidir qué información se publicará y cuál no.

Libertad de prensa- Libertad para expresar nuestras opiniones por escrito.

Nacionalidad- el vínculo que un individuo tiene con una nación. La nacionalidad de un individuo está determinada por la nacionalidad de los padres o el lugar de nacimiento.

Ciudadanía- vínculo legal entre un individuo y un estado. La ciudadanía puede ser producto de la nacionalidad o de la naturalización.

Naturalización- obtención de la ciudadanía mediante un proceso legal.

Temas de discusión

1. Las democracias otorgan libertad de religión a los ciudadanos. ¿Cuáles crees que deberían ser los límites de la libertad religiosa en una democracia?

2. ¿Debe un individuo que solicita la naturalización en un país democrático pasar primero una prueba básica sobre los principios de la democracia? ¿Por qué?

Preguntas

1. ¿Cuáles son las características de la cultura política de tu país?

____

____

____

____

____

2. Da dos ejemplos de cómo la escuela forma la cultura política de los alumnos.

____

____

____

____

____

3. ¿Crees que el Estado debe tener derecho a censurar la información, aunque sea cierta?

____

____

____

4. ¿Cuál es la diferencia entre nacionalidad y ciudadanía?

5. ¿Qué significa "igualdad de todos los ciudadanos ante la ley"?

6. ¿Qué deberes tiene un ciudadano en una democracia?

7. En una cultura política democrática, ¿cómo reacciona un ciudadano cuando escucha opiniones que le desagradan mucho?

____

____

8. Uno de los derechos cívicos de los sistemas democráticos es el derecho a manifestarse. En tu opinión, ¿qué límites debería haber al derecho a manifestarse?

____

____

____

____

____

6. Los enemigos de la democracia

Si bien la democracia otorga al ciudadano más derechos de los que posiblemente pueda tener en cualquier otro sistema político, la democracia es una forma frágil de gobierno que está constantemente amenazada por fuerzas que se oponen a sus principios básicos. Además, la democracia debe renovarse constantemente cuando surgen nuevas necesidades o demandas de los ciudadanos.

Vimos en el capítulo 5 que hay ideologías y partidos democráticos y no democráticos, es decir, ideologías y partidos que ven la democracia sólo como un instrumento para alcanzar el poder y, una vez en el poder, destruirla. Aunque existen muchas diferencias significativas entre los partidos políticos y las ideologías, la diferencia más crucial es si los partidos políticos ven la democracia como un fin en sí mismo o solo como un medio para obtener el poder. Ésta es la piedra angular de la democracia: es el pueblo el que, mediante el sufragio, en cada intervalo de tiempo dado, elige a sus representantes y gobernantes.

Como hemos visto antes, a los representantes responsables de la toma de decisiones también se les llama **servidores públicos**, porque en una democracia su deber es precisamente servir a sus electores. Sin embargo, muy a menudo los políticos olvidan que son servidores públicos y, en lugar de servir a sus electores, pretenden ser servidos por ellos.

El objetivo de este capítulo es presentar y analizar algunos de los principales enemigos de la democracia, que a veces son abiertos y otras veces encubiertos. Como se ha discutido, el partido nacionalsocialista (nazi) de Alemania entró al parlamento por sufragio popular. Sin embargo, una vez en el poder, el partido nazi prohibió a todos los demás partidos y desmanteló cualquier posible oposición. Los derechos civiles fueron abolidos inmediatamente y cualquier opinión crítica al gobierno se convirtió en delito. El partido nazi fue aniquilado con el final de la Segunda Guerra Mundial y prohibido en algunos países. Sin embargo, hoy en día aún existen partidos nacionalsocialistas y partidos que simpatizan con esta ideología en algunos países.

Asimismo, los partidos marxistas (o comunistas) participan en elecciones en muchos países democráticos. Si bien algunos de estos partidos podrían haber modificado sus programas para adaptarse a las reglas democráticas, la esencia del marxismo es el derrocamiento de la democracia con el objetivo de crear una "dictadura del proletariado", así como prohibir la propiedad privada. El marxismo no proporciona una fórmula para la transferencia pacífica del poder, ni explica cómo los líderes políticos alguna vez renunciarán al poder. No hay elecciones, y cuando un líder muere, es normalmente sustituido por algún pariente.

Sin embargo, la democracia tiene otros enemigos que no son tan fáciles de identificar pero que representan una amenaza para el gobierno del pueblo y el ejercicio de los derechos civiles. Ninguna democracia es perfecta porque la naturaleza humana está lejos de ser perfecta; Sin embargo, solo la democracia puede crear una cultura política de tolerancia, pluralismo y transparencia. Desafortunadamente, muchos ciudadanos y gobernantes de países democráticos parecen olvidar o ignorar estos principios cuando respetarlos va en contra de sus intereses.

6.1. Demagogia

El término demagogia fue utilizado por el filósofo griego Aristóteles para designar una forma impura de democracia, en la que los políticos oportunistas usaban su poder para "servirse a sí mismos". **Los demagogos** son individuos que dicen lo que sus electores quieren escuchar, pero rara vez cumplen las promesas que le hacen al pueblo. Distorsionan la verdad o mienten para ganar adeptos. Es muy lamentable que los demagogos no quieran que su gente se eduque, simplemente porque la gente educada es mucho más difícil de engañar. Los demagogos prometen muchas cosas como candidatos, pero una vez que asumen el poder olvidan que tienen una deuda con los ciudadanos que los eligieron para el cargo. Por consiguiente, la demagogia necesita la ignorancia como caldo de cultivo.

6.2.   Ignorancia

Un pueblo educado que sepa distinguir hechos de opiniones y que pueda pensar racionalmente es una amenaza para los demagogos, porque exigirá el respeto de sus derechos y responsabilizará a sus representantes. Sin embargo, un problema profundamente serio es que es precisamente el estado, y el gobierno en el poder, quien decide cuál será el contenido curricular de la educación ofrecida por el estado.

La ignorancia no es tanto un estado de no saber como un estado de no querer saber, o de no querer cuestionar cualquier información proporcionada por los medios censurados por el estado. El Estado favorece la ignorancia cuando censura contenidos críticos en programas de radio o televisión, decidiendo por los ciudadanos qué es lo mejor para ellos. Si bien es poco realista que los ciudadanos siempre estén informados sobre todos los temas de actualidad, la actitud de ignorancia es la de no querer saber o la de negación.

Aun cuando nunca ha habido un mayor excedente de información que en el siglo XXI debido al uso ubicuo del Internet, abunda la desinformación, las noticias falsas, los rumores y las calumnias, que confunden a los ciudadanos en lugar de informarlos.

La desinformación puede tomar la forma de noticias falsas, medias verdades y datos distorsionados. Los periodistas, como empresarios, quieren vender sus historias. Por tanto, no son las historias más precisas las que se venden mejor, sino las más sensacionalistas. Es un hecho lamentable que los ciudadanos no suelen hacer una verificación de datos de todas las historias que leen en las redes sociales, ni cuestionan cuál es la fuente de la información que tienen.

Si bien antes de la era de Internet había un monopolio de la información en manos de los medios de comunicación masiva como estaciones de radio, cadenas de televisión y periódicos, hoy en día cualquiera puede publicar cualquier cosa en Facebook, Twitter o Instagram. Muy pocas personas verificarán los hechos para ver si la información que obtuvieron es verdadera, si está distorsionada o cuál es la fuente de la información. Además, algunas personas engañan a otras creando fotomontajes y presentándolos como imágenes reales en las redes sociales.

La ignorancia es una amenaza para la democracia porque la democracia se basa en la transparencia. Las mentiras, las medias verdades y las noticias falsas, por lo tanto, socavan el derecho de las personas a una información precisa.

6.3.　Comportamiento antidemocrático

Las bases de una cultura política democrática se presentaron en el capítulo 5. Los comportamientos antidemocráticos son las actitudes que socavan los principios del **estado de derecho**, el **secularismo**, la **igualdad de todos los ciudadanos ante la ley**, la **tolerancia**, el **pluralismo** y la estricta **separación de la vida privada y pública.**

Las manifestaciones que se convierten en disturbios, donde se destruye la propiedad ajena y la gente resulta herida atentan contra el estado de derecho. A veces, los disturbios se vuelven tan violentos que el gobierno se ve obligado a emitir un **toque de queda**, restringiendo así el derecho de todos los ciudadanos a la libre movilidad.

Los líderes religiosos que hablan de política en sus sermones, o incluso incitan a sus congregaciones a la violencia contra el estado y sus instituciones, son una amenaza para la democracia. Asimismo, las organizaciones religiosas que prohíben la participación de sus feligreses en política atentan contra la democracia.

Una manifestación contra la brutalidad policial que se convirtió en un motín en Los Ángeles,
California, EE. UU. 2020.

Aunque el derecho a manifestarse pacíficamente se otorga a todos los ciudadanos en una democracia, una contramanifestación atenta contra los principios de la democracia porque restringe el derecho de otro grupo de ciudadanos a manifestarse. Como se dijo antes, podríamos estar en total desacuerdo con los puntos de vista de otras personas y no necesitamos mezclarnos con ellos; sin embargo, restringir su derecho a manifestarse socava la democracia.

Asimismo, poner etiquetas a las personas nos descalifica para un debate serio, un verdadero intercambio de ideas políticas. <u>Las etiquetas y los insultos no son argumentos</u>, y el único resultado de tales actitudes es un mayor distanciamiento de ciudadanos con diferentes opiniones políticas y polarización que puede resultar en violencia verbal o física.

Mucha gente, tanto los que crecieron en democracias como los inmigrantes de países no democráticos, ignoran el hecho de <u>que es precisamente el pluralismo lo que distingue a un sistema democrático de</u>

un sistema autoritario. El conflicto es natural y saludable, porque es un signo de la existencia de diferencias de opinión. Sin embargo, la violencia como medio para "resolver" los conflictos no es natural ni saludable.

6.4. "Corrección política" y autocensura

En el clima político polarizado del siglo XXI muchas personas tienen miedo de decir lo que piensan, de expresar sus opiniones o de criticar las políticas que consideran equivocadas. Aunque puede ser bastante desagradable tener un altercado con un individuo o un grupo que no comparte nuestros puntos de vista, o que incluso tiene puntos de vista que chocan con los nuestros, no defender nuestra libertad de expresión y nuestras convicciones favorece un comportamiento antidemocrático e intolerante. Aunque, como se ha dicho antes, la democracia no nos da el derecho a ofender o amenazar a otros, sí nos da el derecho a defender lo que pensamos.

Muchas personas a las que les disgusta el conflicto a menudo son ignoradas o menospreciadas por no defender sus puntos de vista. Esto sucede a menudo en el lugar de trabajo cuando hay un liderazgo antidemocrático, donde algunas personas piensan que tienen derecho a intimidar a otros porque "no están de acuerdo con la mayoría". Lo mismo ocurre en las escuelas, especialmente cuando los profesores en lugar de fomentar el pluralismo adoctrinan a sus alumnos. (Ver la sección 6.8 a continuación).

Cuando vemos una injusticia sin importar quién la cometa, y nos quedamos callados, la reconocemos y permitimos que el malhechor continúe cometiendo injusticias. Los líderes autoritarios y los déspotas basan su autoridad en el silencio de aquéllos que temen expresar sus críticas.

En los sistemas democráticos hay instancias como por ejemplo, sindicatos o consejos escolares en los que podemos denunciar un comportamiento poco ético, incluso si la persona que lo comete resulta ser nuestro superior o nuestro maestro.

6.5.　La corrupción

Mucha gente habla del concepto de "corrupción" sin saber exactamente qué significa. "Corrupción" se utiliza para describir la malversación de fondos públicos para fines privados, pero también tiene otras manifestaciones: Como hemos visto, la democracia se basa en el principio de **transparencia,** es decir, el derecho de los ciudadanos a una información veraz. Cuando algún individuo o grupo **soborna a** un funcionario o a un partido político, hablamos de corrupción. Una persona u organización que acepta un soborno no actuará de la manera prescrita por la ley, sino que favorecerá los intereses de la persona u organización que pagó el soborno.

El soborno es un fenómeno profundamente grave, porque atenta contra el principio de igualdad de todos los ciudadanos ante la ley. Solo los miembros más ricos o poderosos de la sociedad pueden permitirse el lujo de sobornar a los funcionarios, restringiendo así los derechos de los pobres y desfavorecidos, de las personas más vulnerables que no tienen la capacidad de defenderse.

El favoritismo también es una forma bastante común de corrupción. Esta práctica significa que los puestos de importancia no se otorgan a las personas más capacitadas, sino a amigos y familiares. Esto implica, entre otras cosas, que no se contrata a las personas más capaces, sino a amigos o familiares que en muchos casos carecen de las habilidades y competencias necesarias para cumplir con las tareas del puesto. Si bien el amiguismo es una práctica común en los sistemas autoritarios o totalitarios, en los que el poder se transfiere de padre a hijo o entre hermanos, en las democracias son los ciudadanos quienes eligen a sus funcionarios. El favoritismo existe en muchos niveles: Desde dirigentes del partido que ofrecen puestos a sus familiares hasta universidades que contratan a los amigos o amantes de los profesores, sin tener en cuenta los trámites que deben garantizar que sólo las personas más cualificadas obtengan el puesto.

Si bien el cabildeo (o lobby político) no está prohibido por ley, esta práctica pone en peligro la democracia. **Los lobbies políticos** son organizaciones poderosas que ofrecen <u>donaciones a los partidos políticos</u> a cambio de políticas favorables a sus intereses. La principal diferencia entre una donación y un soborno es que la donación se hace a un partido político que la usa para hacer campaña, mientras que un soborno se hace directamente a un servidor público. El problema del cabildeo es que fomenta la desigualdad: Los miembros más vulnerables de la sociedad carecen de los medios económicos de los que disponen los lobbies políticos y, por lo tanto, no pueden influir en los políticos como pueden hacerlo las organizaciones ricas.

Ejemplos de «lobbies» o grupos de presión son la industria del petróleo, la industria cárnica y las grandes corporaciones. Los afectados por las acciones de los lobbies no pueden defender sus intereses, porque están en una posición mucho más débil. ¿Cómo pueden los trabajadores explotados o las familias expuestas a los humos tóxicos de la industria petrolera competir con las empresas transnacionales? ¿Cómo pueden los animales quejarse de la crueldad de las granjas industriales, el transporte inhumano y la matanza?

Es por ello que solo los ciudadanos informados y responsables pueden exigir transparencia a los partidos políticos y funcionarios de gobierno. En una democracia es el pueblo quien tiene el poder y se lo concede a sus representantes.

6.6.   Organizaciones antidemocráticas

Las organizaciones antidemocráticas son aquellas que se oponen a las elecciones libres, a la igualdad de todos los ciudadanos ante la ley, así como a los derechos que la ley otorga a todos los ciudadanos. Como hemos visto antes, hay partidos democráticos y antidemocráticos, pero también hay organizaciones distintas de los partidos políticos que representan una amenaza para la democracia. Las organizaciones antidemocráticas suelen emplear la violencia y las amenazas para intimidar o silenciar a sus oponentes. No aceptan el principio de pluralismo y hostigan a los políticos que no se doblegan a sus demandas. Hay organizaciones antidemocráticas con diferentes afiliaciones políticas. Sin embargo, aunque los fines que persiguen pueden ser totalmente opuestos, los métodos que emplean para lograr esos objetivos es lo que los hace similares.

El Ku Klux Klan es una organización que promueve el racismo. Están en contra de la igualdad de derechos y la mezcla de razas. Los miembros de esta organización han sido condenados muchas veces por cometer crímenes violentos contra personas no blancas.

Las organizaciones terroristas que afirman tener derecho a utilizar la violencia para lograr sus objetivos son una amenaza para la democracia. Estas organizaciones utilizan tácticas como intimidación, amenazas y violencia física. Ignoran el principio del estado de derecho y toman la justicia en sus propias manos. Estas organizaciones pueden ser de carácter religioso, como Al Qaida, o de carácter político, como Antifa. En cualquier caso, aunque sus ideologías difieren, tienen en común el uso de la violencia y el terror para lograr sus fines.

Una manifestación de Antifa contra el presidente Trump en 2017. Las organizaciones de Antifa utilizan métodos violentos para lograr sus objetivos políticos.

El crimen organizado es similar en sus tácticas a las organizaciones terroristas, aunque sus objetivos son diferentes: Mientras que las organizaciones terroristas tienen una agenda política, el único objetivo del crimen organizado es ganar dinero. El crimen organizado está involucrado en varias actividades perversas como la trata de personas, la prostitución, el lavado de dinero, la venta ilegal de drogas, el comercio de órganos humanos y de especies animales y vegetales en peligro de extinción.

El crimen organizado se ha vuelto tan destructivo en algunos países que las autoridades estatales han dejado de funcionar: En algunas partes de México, por ejemplo, los cárteles de la droga son tan poderosos que han asesinado a funcionarios del gobierno o los han obligado a dimitir.

Como las organizaciones terroristas, el crimen organizado no respeta el principio de que el estado tiene el monopolio del uso de la violencia. El crimen organizado amenaza al Estado democrático al socavar sus instituciones y funciones.

Una joven víctima de la trata de personas. Cada año, cientos de miles de personas son secuestradas y vendidas como esclavas, prostitutas o para ser utilizadas en el crimen organizado. Los delincuentes que se dedican al crimen organizado carecen totalmente de escrúpulos.

6.7. Indiferencia política

Un gran problema de los sistemas democráticos es la baja participación. Aun cuando todos los ciudadanos (excepto los que cumplen una condena en la cárcel, los retrasados mentales u otros que por circunstancias extraordinarias no pueden votar) tienen derecho al voto, un porcentaje considerable de ellos no expresa su voluntad política a través del sufragio.

En la mayoría de los casos, son las personas que más se beneficiarían del cambio a las que no les interesa votar, porque creen que su voto no hace ninguna diferencia. Otras personas están tan ocupadas ganándose la vida que simplemente no tienen ni tiempo ni interés en votar. Otros más no tienen confianza alguna en los políticos y ven el ir a empadronarse y votar como una pérdida de tiempo. La indiferencia política fortalece la estructura política existente y hace que el cambio sea poco probable. Los políticos que se enfrentan al escrutinio tienen muchas más probabilidades de cumplir con sus deberes que los funcionarios que sienten que nadie controla sus acciones.

6.8.   Profesores que adoctrinan

La misión de un maestro es instruir a los estudiantes, fomentar sus habilidades de pensamiento crítico y prepararlos para ser ciudadanos responsables. En una democracia, los profesores deben, por consiguiente, enseñar a sus alumnos la importancia del pluralismo y la tolerancia, así como practicar estos valores democráticos fundamentales en clase. Si bien los docentes, como ciudadanos, tienen derecho a sus propias opiniones y preferencias políticas, deben reconocer y respetar el derecho que tienen sus alumnos a sus propias preferencias políticas.

Sin embargo, con demasiada frecuencia los profesores olvidan su misión y en lugar de enseñar a pensar críticamente a sus alumnos los adoctrinan, a fin de que voten por el mismo partido que el profesor y tengan las mismas opiniones que expresa en clase. Además, algunos profesores acosan a los estudiantes cuyas opiniones no les agradan, e incluso fomentan el acoso de los estudiantes que no están de acuerdo con las opiniones políticas del profesor. Los profesores que adoctrinan son especialmente dañinos porque además de no respetar el pluralismo, que es uno de los pilares del sistema democrático, abusan del poder que tienen sobre los estudiantes para manipularlos. En los sistemas autoritarios, los maestros no son más que instrumentos del estado para convertir a sus estudiantes en ciudadanos obedientes.

Glosario

Soborno- ofrecer dinero u otros obsequios a políticos a cambio de favores.

Demagogia- Cuando un líder político que le dice a la gente lo que quiere escuchar, independientemente de si es cierto o no.

Lobbies- (Anglicismo que significa "vestíbulos"). Representantes de grupos de interés que pueden ejercer presión sobre los políticos ofreciendo donaciones a los partidos.

Organizaciones terroristas- grupos que utilizan el terror para lograr sus fines (generalmente políticos).

Crimen organizado- grupos que operan a nivel nacional o internacional en actividades ilícitas, como la venta ilegal de drogas, la trata de personas o la prostitución.

Indiferencia política- apatía con respecto a los acontecimientos políticos.

Temas de discusión

1. ¿Cuál crees que es la forma correcta del estado de reaccionar ante el comportamiento antidemocrático en una democracia?

2. ¿Cómo debería un sistema democrático tratar con los políticos involucrados en asuntos de corrupción?

Preguntas

1. ¿Cuáles son las características de un demagogo?

2. ¿Por qué es tan destructiva la ignorancia?

3. Da dos ejemplos de comportamiento antidemocrático.

4. Menciona un "lobby" poderoso que ejerce presión sobre los políticos.

____

____

____

____

____

5. El gobierno estadunidense anunció en septiembre de 2020 que tanto el movimiento Antifa como el Ku Klux Klan serían declarados organizaciones terroristas. ¿Crees que el gobierno tiene razón al hacerlo?

____

____

____

____

____

6. Da un ejemplo de crimen organizado.

____

____

____

____

____

7. ¿Crees que un ciudadano políticamente indiferente tiene derecho a quejarse de la ineficiencia del gobierno?

____

____

____

____

____

8. ¿Debería una maestra tener derecho a expresar sus opiniones políticas en clase si respeta las opiniones de sus alumnos? ¿Por qué?

____

____

____

____

____

7. Conclusión: Nuestros derechos y obligaciones como ciudadanos en una democracia

7.1.   El derecho a ser tú mismo

Como se ha expresado repetidamente en este libro, una de las piedras angulares de la democracia es el pluralismo, y el pluralismo se basa en la tolerancia. En una democracia, el ciudadano tiene derecho a sus propias opiniones, sus propias convicciones y su propio estilo de vida. No importa lo que digan tus amigos o familiares sobre tus opiniones o tu estilo de vida: nadie puede decidir por ti.

Si bien los menores necesitan la protección de sus padres o tutores, los niños tienen derechos en una democracia y los padres que no respetan los derechos de sus hijos pueden perder la custodia de sus hijos y / o ser procesados. En la mayoría de las democracias del mundo, una persona alcanza la mayoría de edad a los 18 años, y esto significa que es libre de vivir su vida como desee sin interferencia alguna de sus padres.

Esto incluye, entre otras cosas, renunciar a una fe religiosa, adoptar una nueva o no tener ninguna. Incluye el derecho a elegir a tus amigos o tu pareja, sin la interferencia de otras personas, decidir qué profesión quieres ejercer, tu lugar de residencia, y por supuesto, el derecho a tener tus propias opiniones políticas.

7.2.   El derecho a expresar tus opiniones de forma pacífica

En una democracia, todo el mundo tiene derecho a opinar y a expresarse siempre que se haga de forma pacífica. Aun cuando la libertad de expresión sea un pilar de la democracia, es un delito difamar a las personas, incitar a la violencia o amenazar a otros. De igual forma, aunque la democracia nos da derecho a manifestarnos por lo que creemos, debemos hacerlo de manera pacífica, evitando daños a la propiedad o lastimar a otras personas. Quienes se manifiestan violentamente, incitan a la violencia o a los disturbios infringen la ley y son procesados.

Dado que el pluralismo es un pilar de la democracia, la gente puede tener ideas que parecen inaceptables para otras personas. Sin embargo, una democracia no prohíbe las ideas; <u>prohíbe comportamientos que atenten contra el orden democrático:</u> Una persona puede estar en contra del aborto y expresar sus opiniones, pero no puede atacar a pacientes, médicos o enfermeras en una clínica donde se practica el aborto. De la misma manera, una persona puede estar a favor del aborto, pero no tiene derecho de acosar, insultar o atacar a las personas que están en contra del aborto.

De modo que una persona puede tener principios "muy nobles", pero si usa la violencia para defender esos principios, infringe la ley. Por el contrario, otra persona puede tener ideas que pueden parecer despreciables para muchos, pero si las expresa pacíficamente, no infringe la ley.

Otro pilar de la democracia es la igualdad de todos los ciudadanos ante la ley, y esto significa que la ley se aplica de la misma manera independientemente de quiénes sean los ciudadanos, su clase social, su edad, su orientación sexual, o qué convicciones tengan.

7.3.   El derecho a la vida privada

Como vimos en el capítulo 3, en una democracia existe una división entre los ámbitos de la vida pública y privada. Ese no es el caso en los sistemas autoritarios, totalitarios o teocráticos. La razón es que estos sistemas no reconocen el pluralismo y esperan que el ciudadano obedezca los mandatos del Estado en todos los aspectos, incluso en su vida privada.

En una democracia, el estado no tiene nada que decir sobre cómo un ciudadano lleva su vida privada: si quiere tener una pareja (siempre que la pareja sea un adulto), el sexo de la pareja, tener vida sexual o casarse o no. Los únicos límites a nuestra forma de vivir en una democracia son que respetemos las leyes del estado y los derechos de terceros.

Es ilegal inmiscuirse en la vida privada de otros ciudadanos, como hacen algunos periodistas poco éticos. La difamación, es decir, dañar la reputación de una persona, es punible por ley.

Asimismo, en una democracia somos libres de unirnos a cualquier asociación o grupo que queramos, sin la interferencia del Estado. Las excepciones a esta regla son, por supuesto, las organizaciones terroristas, el crimen organizado y las sectas que limitan la libertad de sus miembros u otros grupos que no reconocen el estado de derecho.

7.4. La obligación de respetar la ley

Si bien en una democracia los ciudadanos son libres de llevar la vida que deseen, tienen la obligación de respetar la ley. No importa si el ciudadano es hombre, mujer, joven, anciano, religioso o ateo. Las leyes se aplican a todos los ciudadanos independientemente de sus características personales, y no obedecerlas resulta en enjuiciamiento y castigo.

Un problema muy común de las democracias en el siglo XXI es la polarización política. La gente parece olvidar que sus oponentes políticos también tienen derechos. Aunque sea perfectamente aceptable entablar un debate con nuestros oponentes, no es aceptable insultarlos, escupirles, golpearlos, amenazarlos o dañarlos solo porque no estamos de acuerdo con ellos.

Asimismo, si bien los gobiernos democráticos nos otorgan el derecho a manifestarnos, NO nos otorgan el derecho a incitar a la violencia o destruir la propiedad ajena. Si los ciudadanos quieren manifestarse, primero deben obtener un permiso y seguir lo que dicen las autoridades. A veces, las autoridades pueden denegar un permiso, por ejemplo, por motivos de salud pública. O el gobierno local puede cambiar el lugar donde se lleva a cabo la manifestación si ésta puede causar problemas de tránsito. Si un determinado grupo ha obtenido un permiso para una manifestación pacífica, no es democrático organizar una contramanifestación en el mismo lugar y al mismo tiempo sin un permiso, sólo a fin de sabotear el derecho a manifestarse de otros que no nos agradan.

En un país donde rige el estado de derecho, no podemos tomar la justicia en nuestras propias manos, independientemente de cuánto daño nos hayan hecho los demás. El estado tiene el monopolio del uso de la violencia a través de la policía, quienes son los representantes de la ley. Sin embargo, en una democracia los agentes de policía que abusan de su poder pueden ser denunciados y afrontar duras consecuencias, incluso enjuiciamiento y encarcelamiento.

7.5. La obligación de respetar los derechos de terceros

Así como a nosotros nos gusta decidir por nosotros mismos cómo queremos vivir nuestras vidas, otras personas tienen el mismo derecho. Si mi amigo o pariente adopta un estilo de vida diferente al mío, o incluso en conflicto, no tengo nada que decir si este estilo de vida no infringe la ley.

Otras personas tienen derecho a expresar sus propias opiniones y manifestarse por las causas que creen justas. Si no me agradan sus opiniones, tengo derecho a evitar su compañía, pero no a acosarlos porque no están de acuerdo conmigo.

Es precisamente la tolerancia y el pluralismo lo que hace posible la vida de tantas personas diferentes en una democracia. Por este motivo, no tolerar las diferencias es antidemocrático e incluso peligroso.

7.6.   El derecho (u obligación) de estar informada/o

Si bien algunos podrían argumentar que la información es un derecho, otros la consideran una obligación civil. Si no estamos informados, no podemos defender nuestros derechos y mucho menos responsabilizar a los funcionarios por sus acciones. Tenemos la responsabilidad de asegurarnos de que las historias que compartimos con otros en las redes sociales no sean noticias falsas ni calumnias.

En una época en la que el uso de «bots» de las redes sociales y la sobreabundancia de información se han convertido en algo común, el ciudadano debe comprobar si lo que está leyendo es verdad o simplemente falso, y asumir la responsabilidad por lo que publica.

7.7.   El derecho (o la responsabilidad) de votar

Las opiniones están divididas sobre si votar es un derecho o una responsabilidad. Como hemos visto antes, los funcionarios públicos se eligen por sufragio de los electores. En una democracia, un político no es quien decide si permanece en el poder para otro mandato, sino que es el pueblo quien expresa su voluntad política a través de las elecciones.

En muchos países no hay elecciones. La gente debe obedecer lo que digan sus líderes. No importa si los líderes representan al pueblo o no. La gente tampoco influye en lo que hacen los políticos. En esos regímenes la única alternativa que tiene la gente para cambiar es rebelarse, porque los políticos no renunciarán, independientemente de cuán odiados sean.

Miles de personas han sacrificado su vida por la democracia, es decir, por el derecho al voto. Sin embargo, debido a la naturaleza de los sistemas democráticos, no se puede obligar a los ciudadanos a votar. El problema es que la gente que no vota tampoco puede esperar un cambio. Y como se ha visto anteriormente, a menudo las personas que más se beneficiarían de un cambio son las que están menos interesadas en lograrlo.

7.8. La democracia es un sistema frágil

Es mucho más fácil mantener el orden en un sistema autoritario o totalitario que en una democracia. Los líderes no necesitan la aprobación de la gente para hacer lo que quieran. Tampoco son responsables de los abusos contra los derechos humanos.

En una democracia la situación es muy diferente: los políticos tienen que cumplir sus promesas si ellos (o sus partidos) pretenden ser reelegidos. Además, los políticos tienen que respetar a los ciudadanos, incluso a los que no votaron por ellos o no les agradan. Pero quizás la característica que más distingue a la democracia de otros sistemas de gobierno es la **rendición de cuentas**. Una y otra vez, los políticos son encarcelados por corrupción o por otros delitos, como cualquier otra persona. Los políticos no están por encima de la ley. En una democracia, los intereses de nadie se anteponen a la ley.

Quizás uno de los mayores desafíos de la democracia es practicar la tolerancia con grupos o individuos intolerantes. La democracia se basa en el pluralismo, que a su vez se basa en la tolerancia, o coexistencia pacífica de las diferencias. Las diferencias de opinión o ideológicas pueden ser enormes. Las opiniones de algunos pueden llegar a desagradar a otros en gran medida o ir totalmente en contra de sus principios. Pero en un sistema democrático la convivencia de las diferencias es posible.

Cuando los ciudadanos no respetan la ley y el orden y presionan al estado para que use la fuerza, sus derechos se ven restringidos. Un gobierno puede anunciar medidas extraordinarias o la suspensión temporal de los derechos civiles. Pero no por eso infringe las leyes del estado.

Desafortunadamente, hay muchos ejemplos en la historia de estados democráticos que se han vuelto autoritarios, cuando no se respeta la división de poderes o se ignoran los derechos de los oponentes. Un ejemplo es la Guerra Civil Española (1936-1939). El gobierno republicano prohibió al partido falangista y los falangistas comenzaron entonces a reunirse clandestinamente. Posteriormente organizaron un golpe militar y derrocaron al gobierno. Siguió un largo período de gobierno autoritario y la democracia fue finalmente restaurada en 1975, más de 35 años después del fin de la Guerra Civil Española.